Angela Hohmann, geb. 1965, studierte Germanistik und Amerikanistik. Sie lebt in Berlin und arbeitet für verschiedene Literatur-Verlage als freie Lektorin, Übersetzerin und Herausgeberin.
Im Rowohlt Taschenbuch Verlag liegen, ebenfalls herausgegeben von Angela Hohmann, die Lesebücher «Sommergeschichten» (rororo 22751) und «Die Sonne im Gepäck» (rororo 22996) vor.

Sommergeschichten

Ein Lesebuch für die Ferien

Herausgegeben
von Angela Hohmann

Rowohlt Taschenbuch Verlag

Originalausgabe
Veröffentlicht im Rowohlt Taschenbuch Verlag
GmbH, Reinbek bei Hamburg, Mai 2001

Umschlaggestaltung Susanne Heeder
(Foto: The Stock Market / Paul Steel)
Satz Bembo PostScript (PageOne)
Gesamtherstellung Clausen & Bosse, Leck
Printed in Germany
ISBN 3 499 33174 8

Inhalt

Italo Calvino

Abenteuer eines Lesers

Die Küstenstraße verlief hoch oben über dem Kap; das Meer lag ringsum in der Tiefe, bis hin zum verschwommenen Horizont. Auch die Sonne war überall, als wären Himmel und Meer zwei Linsen, die sie vergrößerten. Unten rauschte das ruhige Wasser ohne Gischt gegen die bizarren Einschnitte der Felsen. Amedeo Oliva stieg eine steile Treppe hinab und trug sein Fahrrad auf dem Rücken. An einer schattigen Stelle ließ er es zurück, nachdem er es mit dem Speichenschloß gesichert hatte. Dann schritt er weiter die Stufen hinunter zwischen Einsturzstellen aus gelber, trockener Erde und Agaven, die im Leeren hingen, und seine Augen suchten bereits nach der bequemsten Falte im Felsen, wo er sich hinlegen könnte. Er hatte ein zusammengerolltes Handtuch unter dem Arm, in das die Badehose und ein Buch eingewickelt waren.

Das Kap war ein einsamer Ort. Nur wenige Grüppchen Badender tummelten sich im Wasser oder nahmen ein Sonnenbad, voreinander verborgen in den schluchtähnlichen Einschnitten der Felsen. Zwischen zwei Blöcken, die ihn vor den Blicken schützten, kleidete Amedeo sich aus, zog die Badehose an und begann, von Klippe zu Klippe zu setzen. So überquerte er mit Sprüngen seiner mageren Beine die Hälfte des Felsenriffs, wobei er manchmal dicht über die Nasen der halb versteckten Paare hinwegflog, die auf Frottiertüchern lagen. Das Massiv aus Sandstein mit poröser, unebener Oberfläche war überschritten, nun kamen glatte Felsen mit stumpfen Umrissen; Amedeo streifte die Sandalen ab, nahm sie in die Hand und lief barfuß weiter, mit der schlafwandlerischen Sicherheit dessen, der ein geübtes Auge für die Entfernung von einer Klippe zur anderen und unempfindliche Fußsohlen hat. Er erreichte eine Stelle, die steil aus dem Wasser aufragte, über die Felswand führte in halber Höhe eine Art Sims. Dort hielt Amedeo an. Auf den flachen Vorsprung legte er seine Kleidungsstücke, ordentlich zusammengefaltet, und darüber, mit der Sohle nach oben, die Sandalen, damit nicht ein Windstoß alles fortriß – zwar wehte nur ein schwacher Lufthauch vom Meer, aber es war bei ihm wohl eine gewohnte Vorsichtsmaßnahme. Der kleine Beutel, den er bei sich hatte, war ein Gummikissen, er blies es auf, legte es hin und breitete anschließend, auf einer Fläche, die vom Felsrand leicht abfiel, das Handtuch aus. Er warf sich mit dem Rükken darauf, und sofort öffneten seine Hände das Buch beim Lesezeichen. So lag er nun ausgestreckt auf dem Felsen, in der prallen Sonne, die von überall strahlte, mit uneingefetteter Haut – er war braun gebrannt, doch ungleichmäßig, wie einer, der sich der Sonnenbestrahlung ohne Methode aussetzt, gegen Verbrennungen jedoch gefeit ist; sein Kopf, mit einer weißen Leinenmütze bedeckt, die er angefeuchtet hatte – denn er war auf eine niedrige Klippe hinuntergestiegen, um die Mütze ins Wasser zu tauchen –, ruhte auf dem Gummikissen, und nur die Augen – unsichtbar hinter der dunklen Brille – verfolgten auf den weißen und schwarzen Zeilen das Pferd Fabrizio del Dongos. Unter ihm gähnte eine kleine Bucht mit blaugrünem Wasser, das fast bis auf den Grund durchscheinend war. Die Klippen waren je nach ihrer Lage kalkig weiß oder mit Algen bedeckt. Ein kleiner Strand voller Kieselsteine wand sich im Hintergrund. Amedeo hob hin und wieder den Blick, betrachtete die sich darbietende Aussicht, ein Flimmern im Wasser oder den schrägen Lauf eines Krebses; dann kehrte er voll innerer Sammlung zu der Seite zurück, auf der Raskolnikow die Stufen zählte, die ihn noch von der Tür der Alten trennten, oder auf der Lucien de Rubempré die Türme und die Dächer der Conciergerie anschaute, bevor er den Kopf in die Schlinge steckte.

Seit einiger Zeit neigte Amedeo dazu, seine Teilnahme am aktiven Leben auf ein Minimum zu beschränken. Nicht, daß er die Tat an sich nicht liebte, im Gegenteil, sein ganzer Charakter und auch sein Geschmack waren von der Liebe zum Handeln bestimmt; trotzdem verringerte sich von Jahr zu Jahr sein Tatendrang, er wurde immer schwächer, bis sich Amedeo schließlich selbst fragte, ob er tatsächlich jemals von einer solchen Manie besessen gewesen sein konnte. Das Interesse an rühriger Aktivität lebte jedoch weiter in seinem Vergnügen, das er beim Lesen empfand; seine Passion waren Tatsachenerzählungen, die Geschichten, die Verwicklungen menschlicher Schicksale. Vor allem also Romane aus dem neunzehnten Jahrhundert, aber auch Memoiren und Biographien und so weiter und so fort, bis hin zu den Kriminalschmökern und den utopischen Romanen, die er keineswegs verschmähte, die ihn jedoch weniger befriedigten, schon weil es dünnere Bände waren. Amedeo liebte die dicken Bände, und wenn er sie in Angriff nahm, dann tat er es mit dem physischen Vergnügen, mit dem man an eine schwere Arbeit geht. Sie in der Hand wägen, ihre Dichte, ihren Umfang, ihr Format genießerisch in Augenschein nehmen, ein wenig beklommen die Seitenzahl und die Länge der Kapitel abschätzen; dann hineinsteigen, ein wenig widerstrebend am Anfang, ohne den

Willen, die erste Mühe zu überwinden, die erforderlich ist, um sich die Namen zu merken und den roten Faden der Handlung zu erfassen; dann, Vertrauen schöpfend, die Zeilen durcheilen, das Flechtwerk der einförmigen Seite bewältigen – und da erschien hinter den Bleilettern auch schon der Rauch und das Feuer der Schlacht, die Kugel, die durch die Luft pfiff und vor den Füßen des Fürsten Andrej einschlug, und da auch der Laden, vollgestopft mit Stichen und Skulpturen, und mit Herzklopfen machte Frédéric Moreau seinen ersten Besuch bei den Arnoux. Hinter der Oberfläche der Buchseite betrat man eine Welt, in der das Leben intensiver war als hier, auf dieser Seite: wie bei der Oberfläche des Meeres, die uns von jener blauen und grünen Welt trennt – Risse, so weit das Auge sehen kann, endlose Bereiche aus feinem, welligem Sand, Wesen, die halb Tier, halb Pflanze sind.

Die Sonne stach, die Klippe war glühend heiß, und bald fühlte Amedeo sich eins mit der Klippe. Er war am Ende des Kapitels angelangt, klappte das Buch zu, wobei er die Werbebeilage als Lesezeichen benutzte, setzte Leinenmütze und Brille ab, richtete sich halbbenommen auf und lief in langen Sätzen bis an den äußersten Rand des Felsens, wo zu jeder Tageszeit Kinder ins Wasser sprangen und wieder heraufkletterten. Amedeo baute sich auf einer Stufe auf, die senkrecht über dem Meer hing, keineswegs hoch, nur wenige Meter über dem Wasser, musterte mit noch geblendeten Augen die flimmernde Transparenz unter sich und stürzte sich dann resolut hinein. Sein Sprung war stets der gleiche, ein Hechtsprung, ziemlich korrekt, doch zeichnete er sich durch eine gewisse Steifheit aus. Der Übergang von der sonnenheißen Luft in das warme Wasser wäre kaum zu spüren, wenn er nicht so plötzlich gewesen wäre. Amedeo tauchte nicht gleich wieder auf, er liebte es, unter Wasser zu schwimmen, tief unten, mit dem Bauch beinahe am Grund, so lange der Atem reichte. Er fand Gefallen an physischer Anstrengung, an schwierigen Aufgaben; deshalb kam er auf das Kap, um sein Buch zu lesen, und bewältigte den Aufstieg mit dem

Fahrrad, wobei er wie wild in der mittäglichen Sonne die Pedale trat. Wenn er unter Wasser schwamm, dann suchte er jedesmal eine Klippenwand zu erreichen, die an einer bestimmten Stelle aus dem Sand des Meeresgrundes aufragte und mit einem dichten Seegrasflor bedeckt war. Er tauchte zwischen diesen Riffen auf, schwamm eine Weile im Kreise und begann mit methodischen Zügen, verbrauchte dabei jedoch unnötig viel Kraft; bald war er es müde, mit dem Gewicht unter Wasser wie ein Blinder herumzurudern, und ging zu einem freieren Armschlag über, zum Kraul; die bessere Sicht verschaffte ihm mehr Befriedigung als die Bewegung, und kurz darauf begann er auf dem Rücken zu schwimmen, immer weniger gleichmäßig, mit immer längeren Pausen zwischen den Bewegungen, bis er schließlich ganz still hielt. So wälzte und drehte er sich in diesem uferlosen Bett, einmal setzte er sich das Ziel, eine Insel zu erreichen, ein andermal eine bestimmte Anzahl von Armschlägen auszuführen, und er fand keine Ruhe, bevor er diese Aufgabe erledigt hatte; eine Weile verharrte er träge, wandte sich wieder dem offenen Meer zu, von dem Wunsch beseelt, nichts weiter um sich zu haben als den Himmel und das Wasser, näherte sich dann den Riffen, die rings um das Kap verstreut waren, damit ihm ja keine der möglichen Schwimmrouten dieses kleinen Archipelagos entging. Doch als er so schwamm, merkte er, daß die Neugier, die jetzt in ihm die Oberhand gewann, jene war, zu erfahren, wie es – nehmen wir an – mit der Geschichte der Albertine weiterging. Würde Marcel sie wiederfinden? Er schwamm mit Ungestüm, oder aber er ließ sich treiben, doch sein Herz war zwischen den Seiten des Buches, das er am Strand zurückgelassen hatte. Nun war er mit kraftvollen, raschen Stößen an seiner Klippe angelangt, suchte die Stelle, an der er sich hinaufschwingen konnte, und da war er auch schon, fast ohne es zu merken, oben und rieb sich mit dem Frottierhandtuch den Rücken ab. Er setzte sich wieder die Leinenmütze auf den Kopf, legte sich in die Sonne und begann ein neues Kapitel zu lesen.

Er war kein hastiger, gieriger Leser. Er hatte

ein Alter erreicht, in dem es mehr Vergnügen bereitet, ein Buch zum zweiten-, dritten- oder viertenmal zu lesen als zum erstenmal. Und doch hatte er noch viele Kontinente zu entdekken. Jeden Sommer kostete ihn das Packen des schweren Bücherkoffers vor der Abreise an die See die größte Mühe: Seinen Interessen und den Unterhaltungen gemäß, die er in den Monaten des Stadtlebens hatte, wählte Amedeo jedes Jahr bestimmte berühmte Bücher zu neuerlicher Lektüre aus und gewisse Autoren, die er zum erstenmal lesen wollte. Und hier auf der Klippe verdaute er sie, verweilte sinnend über den Sätzen, blickte häufig von dem Buch auf, um zu überlegen, um die Gedanken zu sammeln. Plötzlich, als er wieder einmal aufschaute, bemerkte er, daß sich auf dem kleinen steinigen Strand unten an der Bucht eine Frau niedergelassen hatte.

Sie war braun gebrannt, hager, nicht mehr jung, auch nicht besonders hübsch, aber es wirkte vorteilhaft, daß sie nackt war – sie hatte einen knapp sitzenden Bikini an, der an den Rändern obendrein umgeschlagen war, um soviel Sonne wie nur möglich heranzulassen –, und Amedeos Auge fühlte sich davon angezogen. Er merkte, daß er beim Lesen immer häufiger von dem Buch aufsah und in die Luft schaute, und diese Luft war ebenjene, die sich zwischen ihm und der Frau befand. Ihr Gesicht – sie lag schräg am Ufer, auf einer Luftmatratze, und Amedeo sah bei jedem Aufzucken der Pupillen die nicht überaus üppigen, aber ebenmäßigen Beine, den wundervoll glatten Bauch, die Brust, die zwar spärlich war, aber nicht unangenehm spärlich, sondern wahrscheinlich nur ein wenig verblüht, auf den Schultern etwas zuviel Knochen, ebenso am Hals und an den Armen, und das Gesicht maskiert durch eine schwarze Brille und durch die Krempe des Strohhuts – ihr Gesicht also war leicht gezeichnet, lebhaft, wissend und ironisch. Amedeo versuchte, ihren Typ einzuordnen: die unabhängige Frau, allein in der Sommerfrische, die den einsamen Felsenstrand den überlaufenen Anlagen vorzieht und sich mit dem größten Vergnügen von der Sonne schwarz brennen läßt; er schätzte den Teil an träger Sensualität und chronischem Unbefriedigtsein in ihr ab, dachte flüchtig an die Möglichkeiten, die er für ein Abenteuer mit raschem Erfolg verhieß, verglich dies mit der Aussicht auf eine konventionelle Unterhaltung, ein Abendprogramm, erwog die Verpflegungsschwierigkeiten, die sich wahrscheinlich ergeben würden, die anstrengende Aufmerksamkeit, die eine neue Bekanntschaft immer erforderte, selbst wenn man sie nur oberflächlich schloß, und er begann weiterzulesen, überzeugt, daß diese Frau ihn wirklich nicht interessieren konnte.

Er hatte wohl schon zu lange an dieser Stelle des Felsens gelegen, oder aber jene hastigen Gedanken hatten in ihm eine Spur von Unruhe hinterlassen, jedenfalls fühlte er sich unbehaglich; die Unebenheiten der Klippe unter dem Handtuch, auf dem er sich ausgestreckt hatte, fingen an, ihm lästig zu werden. Er stand auf, um sich einen anderen Platz zu suchen. Einen Augenblick lang schwankte er zwischen zwei Stellen, die ihm gleichermaßen bequem schienen: einer, die weiter entfernt war von dem Strand, an dem sich die braune Signora sonnte – sogar hinter einem Felsvorsprung versteckt, der ihm völlig die Sicht nahm –, und einer anderen, die dichter daran war. Der Gedanke, näher heranzukommen, vielleicht durch einen unvorhergesehenen Umstand in ein Gespräch verwickelt zu werden und so die Lektüre unterbrechen zu müssen, ließ ihn sich sofort für den ersten Platz entscheiden; aber dann überlegte er, daß es wirklich so scheinen würde, als wollte er weglaufen, kaum daß diese Signora aufgetaucht war, und das könnte vielleicht als Unhöflichkeit gewertet werden. Er wählte also den zweiten Platz; schließlich fesselte ihn die Lektüre ja so sehr, daß es gar nicht sicher war, ob der Anblick dieser Frau – die übrigens nicht einmal besonders hübsch wirkte – ihn ablenken könnte. Er legte sich auf die Seite und hielt das Buch so, daß die Sicht zu ihr hin verdeckt war, aber es ermüdete ihn, den Arm ständig in dieser Höhe zu halten, und so ließ er ihn sinken. Jetzt stieß sein Blick, der die Zeilen entlanghuschte, sobald er vorn beginnen mußte, gleich hinter dem Seitenrand auf die Beine der einsamen Sommerfrischlerin. Auch sie hatte ihre Lage ein wenig verändert, um es sich bequem zu machen, und daß sie die Knie angehoben und die Beine gerade in Amedeos Richtung übereinandergeschlagen hatte, erlaubte ihm, gewisse Proportionen ihres Körpers, die keineswegs unerfreulich waren, genauer zu betrachten. Kurz, Amedeo hätte, obwohl eine Felsenklippe ihm in die Hüfte schnitt, keine bessere Position finden können. Das Vergnügen, das er beim Anblick der sonnengebräunten Signora empfand – ein Vergnügen am Rande gewissermaßen, aber durchaus nicht zu verachten, und man konnte es genießen, ohne dabei die geringste Mühe aufwenden zu müssen –, beeinträchtigte nicht das Vergnügen an der Lektüre, sondern ordnete sich ein in deren normalen Ablauf, so daß er jetzt sicher sein durfte, weiterlesen zu können, ohne die Versuchung, den Blick abzulenken.

Alles war still, ungehindert floß der Strom der Lektüre, dem die unbewegliche Landschaft als Rahmen diente, und die Signora war ein unerläßlicher Teil dieser Landschaft geworden. Amedeo hatte natürlich nur das eigene Vermögen, sich lange Zeit völlig reglos zu verhalten, in Betracht gezogen, nicht aber die Unruhe der Frau, die sich nun erhob und zwischen den Steinen hindurch ans Wasser ging. Sie war aufgestanden – so schloß Amedeo sofort –, um sich eine große Qualle von nahem anzusehen, die eine Schar Knaben mit Rohrstöcken ans Ufer hob. Die braungebrannte Signora beugte sich über die Qualle und fragte die Jungen aus; ihre Beine staken in Holzsandaletten mit sehr hohen Absätzen, die für die Klippen wohl wenig geeignet waren; ihr Körper war, so wie ihn Amedeo jetzt sah – von hinten betrachtet –, der einer viel hübscheren und viel jüngeren Frau, als es vorher den Anschein hatte. Er überlegte, daß ihre Unterhaltung mit den Fischerjungen einem Mann, der auf ein Abenteuer ausging, eine «klassische» Gelegenheit bot: herantreten, selbst ein paar Worte über den Quallenfang zum besten geben und so ein Gespräch anknüpfen. Gerade das, was er um nichts in der Welt tun würde! fügte er im stillen hinzu und vertiefte sich wieder in seine Lektüre. Gewiß, diese Verhaltensnorm hinderte ihn auch, eine natürliche Neugier bezüglich der Qualle zu befriedigen, die offenbar von ungewöhnlichem Umfang war und auch eine eigenartige Farbnuance zwischen Rosa und Lila aufwies. Dieses Interesse für Meerestiere war bei ihm keineswegs abwegig, es hing mit seiner Leseleidenschaft zusammen. In diesem Augenblick nun wurde seine Aufmerksamkeit für die Seite, die er las – einen langen, beschreibenden Absatz –, schwächer, kurz, es war widersinnig, daß er sich, allein wegen der Gefahr, ein Gespräch mit der Sommerfrischlerin anzuknüpfen, auch solch spontaner und durchaus gerechtfertigter Impulse begab wie der Zerstreuung, ein paar Minuten lang eine Qualle von nahem zu betrachten. Er schlug das Buch beim Lesezeichen zu und erhob sich. Sein Entschluß hätte nicht stürmischer gefaßt werden können, denn gerade in diesem Moment trennte sich die Dame von den Jungen und schickte sich an, auf ihre

Luftmatratze zurückzukehren. Amedeo bemerkte dies, während er näher kam, und es drängte ihn, sofort etwas zu sagen. Er rief den Jungen also zu: «Vorsicht! Sie kann gefährlich werden!»

Die Jungen, die rings um das Tier hockten, blickten nicht einmal auf, sie bemühten sich noch immer, die Qualle mit den Rohrstöcken, die sie in den Händen hielten, anzuheben und umzudrehen. Die Signora aber wandte sich lebhaft um und ging wieder dem Ufer zu mit einer halb fragenden, halb entsetzten Miene: «Uh, wie schrecklich! Beißt sie?»

«Wenn man sie berührt, verbrennt sie die Haut», erläuterte er und merkte, daß er nicht auf die Qualle, sondern auf die Sommerfrischlerin zuschritt, die sich wer weiß weshalb die Brust in einem unnötigen Schaudern mit den Armen bedeckte und die Qualle, dann wieder Amedeo verstohlen anblickte. Er beruhigte sie, und so hatten sie, wie vorauszusehen war, ein Gespräch angeknüpft; aber das tat nichts, Amedeo würde ja sofort zu seinem Buch zurückkehren, das auf ihn wartete; er wollte nur einen Blick auf die Qualle werfen, deshalb veranlaßte er die braungebrannte Signora, wieder in den Kreis der Knaben zu treten. Jetzt schaute sie angewidert zu, die Fingerknöchel an den Zähnen, und plötzlich, als sie so Seite an Seite standen, berührten sich ihre Arme und zögerten eine Weile, bevor sie sich voneinander lösten. Amedeo begann darauf, über Quallen zu dozieren. Seine Kenntnisse in dieser Materie reichten zwar nicht weit, doch er hatte einige Bücher bekannter Sportfischer und Unterwasserforscher gelesen, so daß er unter Umgehung der niederen Fauna gleich auf den berühmten Teufelsrochen zu sprechen kam. Die Sommerfrischlerin hörte ihm gespannt zu und redete dann und wann dazwischen, aber immer etwas Unpassendes, wie das bei Frauen so ist. «Sehen Sie die rote Stelle, die ich am Arm habe? Es wird doch nicht etwa eine Qualle gewesen sein?» Amedeo tastete die Stelle dicht über dem Ellenbogen ab und verneinte. Die leichte Rötung rührte daher, daß sich die Signora beim Liegen darauf gestützt hatte.

Damit war alles zu Ende. Sie verabschiedeten sich, sie kehrte auf ihren Platz zurück, er auf den seinen, und er begann wieder zu lesen. Es war ein Intermezzo gewesen, das gerade die richtige Dauer gehabt hatte, nicht zu kurz und nicht zu lang, eine nicht unangenehme Kontaktaufnahme – die Signora war freundlich, zurückhaltend und gelehrig gewesen –, eben weil sie nur andeutungsweise war. Jetzt fand er in seinem Buch eine weit umfassendere und konkretere Beziehung zur Wirklichkeit, wo alles seinen Sinn, seine Wichtigkeit, seinen Rhythmus hatte. Amedeo fühlte sich in einer glänzenden Verfassung: Das bedruckte Papier öffnete ihm das wahre Leben, ein tiefgründiges Leben voller Leidenschaften, und wenn er aufschaute, dann fand er ein zwar zufälliges, aber fürs Auge wohltuendes Zusammenklingen von Farben und Empfindungen, eine periphere und dekorative Welt, die ihn zu nichts verpflichtete. Die braungebrannte Signora lächelte ihn von ihrer Matratze her an und winkte ihm zu, er antwortete mit einem Lächeln und einem Nicken und senkte wieder den Blick. Die Signora hatte jedoch etwas gesagt.

«Wie bitte?»

«Sie lesen wohl immer?»

«Nun …»

«Ist das so interessant?»

«Ja.»

«Dann viel Spaß!»

«Danke.»

Er durfte die Augen nicht mehr heben, zumindest nicht vor dem Kapitelende. Er las es in einem Atemzug. Die Signora hatte jetzt eine Zigarette im Mund und gab ihm Zeichen, auf die Zigarette deutend. Amedeo hatte den Eindruck, daß sie schon seit einer Weile bemüht war, seine Aufmerksamkeit auf sich zu lenken. «Wie bitte?»

«… Streichhölzer …»

«Leider nein, ich rauche nicht.»

Das Kapitel war zu Ende, Amedeo überflog die ersten Zeilen des nächsten, die er außerordentlich anregend fand; aber damit er das neue Kapitel unbehelligt beginnen konnte, mußte so rasch wie möglich die Streichholzfrage geklärt werden. «Einen Moment!» Er sprang auf und begann, halb betäubt von der Sonne, von einer Klippe zur anderen zu springen, bis er schließlich ein paar Leute fand, die rauchten. Er ließ sich eine Schachtel «Minerva» geben, eilte zu der Signora, zündete ihr die Zigarette an, lief zurück, um die Schachtel abzugeben, hörte die freundliche Aufforderung: «Behalten Sie sie nur», eilte wieder zu der Signora, um ihr die Streichhölzer zu überlassen, sie bedankte sich, er zögerte einen Augenblick, um etwas zum Abschied zu sagen, doch da begriff er, daß er nach diesem Zaudern etwas anderes sagen mußte, und er fragte: «Sie baden nicht?»

«Bald», entgegnete die Signora. «Und Sie?»

«Ich war schon im Wasser.»

«Sie springen nicht noch einmal hinein?»

«Doch, ich lese noch ein Kapitel, dann schwimme ich wieder ein bißchen.»

«Ich auch, ich rauche nur die Zigarette zu Ende, dann springe ich ins Wasser.»

«Also bis nachher.»

«Bis nachher.»

Diese Art Verabredung verlieh Amedeo eine Ruhe, die er – das wurde ihm jetzt erst bewußt – nicht mehr kannte, seit er die einsame Sommerfrischlerin bemerkt hatte. Jetzt lastete nicht länger die Pflicht auf ihm, mit der Signora einen Kontakt aufrechterhalten zu müssen; alles wurde auf den Augenblick des Badens verschoben – gebadet hätte er auch, wenn die Signora nicht dagewesen wäre –, und so konnte er sich jetzt ohne Hemmungen den Freuden der Lektüre widmen. Und das tat er in einem Maße, daß er gar nicht merkte, wie sich plötzlich – er war längst nicht am Ende des Kapitels angelangt – die Sommerfrischlerin, nachdem sie die Zigarette aufgeraucht hatte, erhob und sich ihm näherte, um ihn zum Schwimmen aufzufordern. Er erblickte die Holzsandaletten und die schlanken Beine dicht über dem Buch, schaute auf, ließ, von der Sonne geblendet, die Augen wieder auf das Buch sinken und las in aller Eile ein paar Zeilen, blickte von neuem auf und hörte sie sagen: «Platzt Ihnen nicht bald der Kopf? Ich springe ins Wasser!» Es war zwar schön, so weiterzulesen und dabei ab und zu aufzuschauen, aber da Amedeo nun nicht länger säumen durfte, tat er etwas, was ihm sonst nie unterlief: Er überging fast eine halbe Seite, bis zum Kapitelende, das er sehr aufmerksam las. Dann erhob er sich. «Also los! Springen Sie von der Spitze?»

Obwohl die Signora viel von Springen geredet hatte, stieg sie vorsichtig von einer Stufe in Höhe des Wasserspiegels ins Meer. Amedeo stürzte sich von einem Felsen herab, und zwar aus größerer Höhe als üblich. Es war um die Stunde, da sich die Sonne langsam dem Horizont zuneigte. Das Meer schien vergoldet. Sie schwammen in diesem Gold in einigem Abstand voneinander. Amedeo tauchte dann und wann und machte sich einen Spaß daraus, die Signora dadurch zu erschrecken, daß er unter ihr hindurchschwamm. Sagen wir, er gönnte sich den Spaß. Im Grunde freilich war es kindisch, aber was sollte er auch tun? Das Baden zu zweit war ein klein wenig langweiliger als sonst; gleichviel, der Unterschied war nur gering. Außerhalb der Goldreflexe verdüsterte das Wasser sein azurnes Blau, als breitete sich vom Grunde her eine tintenähnliche Finsternis aus. Es war zwecklos, nichts kam der Würze des Lebens gleich, die in den Büchern ist. Amedeo stieg über einige aus dem Wasser ragende Riffe hinweg und führte sie, die sich ängstlich gab; er hatte, um ihr auf eine kleine Insel hinaufzuhelfen, sogar ihre Hüften und ihre Brust angefaßt, aber seine Hände waren dadurch, daß er so lange im Wasser gewesen war, fast unempfindlich geworden und hatten weiße, geriffelte Fingerkuppen bekommen. Immer häufiger blickte er zu der Stelle hinüber, wo der bunte Buchumschlag leuchtete. Es war keine andere Geschichte, keine andere Erwartung möglich außer jener, die er zwischen den Seiten, dort, wo das Lesezeichen lag, unterbrochen hatte; alles andere war nur ein leeres Intervall.

Trotzdem schuf die Rückkehr ans Ufer, die gegenseitige Hilfe beim Hinaufklettern und beim Abtrocknen letztlich eine gewisse Vertraulichkeit, so daß Amedeo glaubte, es sei unhöflich, wenn er jetzt auf seinen alten Platz zurückkehrte. «Ach», sagte er, «ich werde hier weiterlesen, ich hole nur mein Buch und das Kissen.» Weiterlesen, hatte er gesagt, um kein Mißverständnis aufkommen zu lassen. Und sie: «Ja, recht so, ich werde eine Zigarette rauchen, und dann lese ich ein bißchen in der ‹Annabella›.» Sie hatte eine Frauenillustrierte bei sich, und so konnten nun beide lesen, jeder für sich. Ihre Stimme erreichte ihn wie ein kalter Tropfen auf den Nacken, aber sie sagte nur: «Warum liegen Sie auf dem harten Stein? Kommen Sie auf die Matratze, ich rücke ein Stück zur Seite.» Der Vorschlag war liebenswürdig, auf der Matratze war es gemütlich, und Amedeo akzeptierte das Angebot bereitwillig. Sie lagen nun beide dort, er in der einen Richtung, sie in der anderen. Sie redete nicht mehr, sondern blätterte die bebilderten Seiten durch, und Amedeo konnte sich ganz in seine Lektüre vertiefen. Die Sonne schien nicht untergehen zu wollen, das Licht und die Wärme nahmen nicht ab, sie wirkten nur leicht gedämpft. Amedeo war in seinem Roman bereits dort angelangt, wo die größten Geheimnisse der Gestalten und des Milieus enthüllt sind und man sich in einer vertrauten Welt bewegt, in der sich eine gewisse Parität zwischen Autor und Leser, eine Vertraulichkeit herausgebildet hat und man nun gemeinsam weiterschreitet und nie aufhören möchte.

Auf der Gummimatratze konnte man auch jene kleinen Bewegungen ausführen, deren die Arme und Beine bedürfen, um nicht steif zu werden, und wie zufällig kam dabei eins seiner Beine mit einem ihrer Beine in Berührung. Ihm mißfiel das nicht, er rührte sich nicht; ihr wohl ebenfalls nicht, denn auch sie regte sich nicht. Die Süße des Kontaktes summierte sich zu der Lektüre und machte sie, was Amedeo betraf, noch vollkommener; doch sicherlich empfand die Sommerfrischlerin etwas anderes, denn sie stand auf, setzte sich hin und sagte: «Aber ...»

Amedeo war gezwungen, den Kopf vom Buch zu heben. Die Frau schaute ihn an, und in ihren Augen war Bitternis.

«Fehlt Ihnen etwas?» erkundigte er sich.

«Aber bekommen Sie denn das Lesen nie

über?» fragte die Frau. «Man kann nicht behaupten, daß Sie ein geselliger Mensch sind! Wissen Sie nicht, daß man mit Damen Konversation pflegen muß?» fügte sie mit einem schwachen Lächeln hinzu, das vielleicht nur ironisch sein sollte, das aber Amedeo, der in diesem Moment alles gegeben hätte, um sich nicht von dem Roman trennen zu müssen, geradezu drohend schien. Wie konnte ich mich bloß hierherlegen! dachte er. Jetzt war ihm klar, daß er mit dieser Frau an seiner Seite nicht eine einzige Zeile mehr lesen würde.

Ich müßte ihr zu verstehen geben, daß sie sich geirrt hat, dachte er, daß ich mich am wenigsten eigne, den Strandgalan zu spielen, daß ich ein Typ bin, dem man sich lieber gar nicht anvertraut. «Konversation?» fragte er laut. «Was für eine Konversation?» Und er streckte die Hand nach ihr aus. «Sehen Sie, wenn ich Ihnen jetzt mit den Händen auf den Leib rücke, dann werden Sie sich gewiß durch eine so unpassende Bewegung beleidigt fühlen. Sie werden mich vielleicht sogar ohrfeigen und sich dann entfernen.» War es nun seiner natürlichen Zurückhaltung zuzuschreiben oder einer anderen Art Flirt, viel zärtlicher, der Art nämlich, die er in Wirklichkeit wollte – jedenfalls fiel die Liebkosung, anstatt brutal und herausfordernd zu sein, scheu, melancholisch, fast flehend aus: Er berührte ihren Hals mit den Fingern, hob die Halskette, die sie angelegt hatte, hoch und ließ sie wieder sinken. Die Antwort der Frau bestand in einer zunächst langsamen, gleichsam resignierten und ein wenig ironischen Bewegung – sie drückte das Kinn seitlich an, um seine Hand festzuhalten –, dann in einer schnellen, einem berechneten, aggressiven Zuschnappen: Sie biß ihn in den Handrücken.

«Au!» schrie Amedeo. Sie fuhren auseinander.

«So machen Sie also Konversation?» fragte die Signora.

«Nun», erwiderte Amedeo rasch, «diese Art, Konversation zu machen, gefällt Ihnen nicht, folglich unterbleibt jede Konversation, und ich lese weiter.» Und schon hatte er sich auf einen neuen Absatz gestürzt. Aber er versuchte, sich selbst zu betrügen. Er hatte sehr wohl begriffen, daß man schon zu weit gegangen war, daß zwischen ihm und der braungebrannten Signora eine Spannung entstanden war, die nicht mehr zu unterbrechen war; er begriff auch, daß er der erste war, der sie nicht abbrechen wollte, zumal es ihm ja doch nicht gelingen würde, zu der alleinigen Spannung der Lektüre zurückzukehren, die ganz auf innere Sammlung abgestimmt war. Er konnte indes versuchen, es so einzurichten, daß diese äußere Spannung sozusagen parallel zu der andren verlief, daß er also weder auf die Signora noch auf das Buch zu verzichten brauchte.

Da sich die Signora mit dem Rücken an eine Klippe gelehnt hatte, setzte er sich neben sie und legte ihr einen Arm um die Schultern, während er das Buch auf den Knien hielt. Er wandte sich ihr zu und küßte sie. Sie lösten sich und küßten sich von neuem. Dann senkte er den Kopf und begann wieder zu lesen.

So lange es möglich war, wollte er in der Lektüre fortfahren. Er fürchtete, es könnte ihm nicht gelingen, das Buch durchzulesen. Der Anfang eines Verhältnisses an der See konnte sehr wohl das Ende seiner einsamen, stillen Stunden bedeuten, einen grundverschiedenen Rhythmus, der sich seiner Ferientage bemächtigen würde! Man weiß ja: Hat man sich erst einmal ganz in ein Buch hineingelebt, dann ist, wenn man die Lektüre unterbrechen muß und erst einige Zeit später wiederaufnimmt, der größte Teil der Freude verloren; viele Einzelheiten sind vergessen, und es gelingt nicht, sich ebensogut wie zuvor hineinzuversetzen.

Die Sonne ging allmählich hinter dem nächsten Vorgebirge unter, dann hinter dem folgenden und hinter dem, das danach kam, und ließ sie im Gegenlicht ohne Farben zurück. Die Badelustigen waren aus den Schluchten des Kaps verschwunden. Sie waren jetzt allein. Amedeo umspannte die Schultern der Sommerfrischlerin mit einem Arm, las, küßte sie auf den Hals und auf die Ohren – was ihr, wie er festzustellen glaubte, gefiel –, und wenn sie sich ihm zuwandte, küßte er sie auf den Mund; dann las er weiter. Vielleicht hatte er diesmal wirklich das ideale Gleichgewicht gefunden: Er hätte so noch ein ganzes Hundert Seiten lesen mögen. Aber wieder war sie es, die die Situation zu ändern versuchte. Sie begann sich steif zu machen, ihn zurückzudrängen und sagte schließlich: «Es ist spät. Gehen wir. Ich ziehe mich an.»

Dieser plötzliche Entschluß eröffnete ganz andere Perspektiven. Amedeo wirkte ein wenig hilflos, aber er erwog nicht lange das Für und Wider. Er war am Höhepunkt des Buches angelangt, und ihr Satz: «Ich ziehe mich an» hatte sich, kaum vernommen, in seinem Kopf in einen anderen verwandelt: Während sie sich anzieht, habe ich noch etwas Zeit, ein paar Seiten ungestört zu lesen.

Sie aber forderte ihn auf: «Halte bitte das Handtuch hoch» – sie duzte ihn jetzt vielleicht zum erstenmal –, «damit mich keiner sieht.» Die Vorsicht war überflüssig, denn der Felsenstrand war menschenleer, aber Amedeo tat ihr gern den Gefallen, zumal er das Handtuch im Sitzen halten und in dem Buch weiterlesen konnte, das auf seinen Knien lag.

Die Signora hatte hinter dem Handtuch den Büstenhalter abgelegt, ohne sich darum zu kümmern, ob er es sah oder nicht sah. Amedeo wußte nicht, sollte er sie anschauen und tun, als läse er, oder sollte er lesen, während er so tat, als schaute er zu. Ihn reizte das eine wie das andere, doch er hielt es für indiskret, sie anzustarren; las er aber weiter, dann wirkte er gewiß allzu gleichgültig. Die Signora wandte nicht die übliche Methode der Badenden an, die sich im Freien ankleiden, indem sie sich zuerst die Sachen überstreifen und dann den Badeanzug darunter ausziehen; nein, jetzt, da sie mit entblößter Brust dasaß, zog sie auch noch den Slip aus. In diesem Moment wandte sie ihm zum erstenmal ihr Gesicht zu – es war ein trauriges Gesicht, mit einer Falte der Bitternis am Mund –, und sie schüttelte den Kopf, sie schüttelte den Kopf und blickte ihn an.

Da es doch geschehen muß, soll es gleich geschehen! dachte Amedeo und warf sich mit dem Buch in der Hand, einen Finger zwischen den Seiten, nach vorn; aber was er in ihrem

Blick las – Tadel, Mitleid, Niedergeschlagenheit, als wollte sie zu ihm sagen: «Dummer, wir machen das, wenn uns nichts anderes übrigbleibt, aber auch du begreifst nichts, wie die anderen Männer!» –, das heißt, das, was er nicht las, denn er verstand nicht, in den Augen zu lesen, sondern was er verschwommen merkte, rief in ihm einen solchen Gefühlsüberschwang für diese Frau hervor, daß er, während er sie umarmte und mit ihr auf die Gummimatratze fiel, kaum den Kopf nach dem Buch wandte, um zu sehen, ob es vielleicht im Meer gelandet war.

Aber es lag dicht neben der Matratze, aufgeschlagen, nur ein paar Seiten waren umgeblättert, und Amedeo, obzwar noch immer im Feuer der Umarmung, suchte eine Hand freizubekommen, um das Lesezeichen an die richtige Stelle zu schieben. Nichts ist nämlich ärgerlicher, als wenn man lesen will und dann erst blättern muß, ohne den Faden finden zu können.

Die Liebesharmonie war vollkommen. Sie hätte zwar etwas länger hinausgezögert werden können; aber war nicht alles blitzartig gewesen bei dieser Begegnung?

Es wurde dunkel. Unten endeten die Felsen, schräg abgleitend, in einer kleinen Bucht. Sie war jetzt dort hinuntergegangen und stand im Wasser. «Komm her, laß uns noch einmal schwimmen ...» Amedeo biß sich auf die Lippen und zählte die Seiten, die er bis zum Schluß noch zu lesen hatte.

Harold Brodkey

Auf den Wellen

Elegant tänzelte die Gondel über die schäumende Kielwelle eines Motorbootes von einem der Luxushotels. Der große, dünne, gutaussehende Mann, der in der Gondel saß, packte die Dollborde des kleinen hölzernen Bootes und sagte zu seiner siebenjährigen Tochter: «Halt dich fest.» Gondeln sind atavistisch, dachte er.

Er trug ein weißes Polohemd. Einst hatte er auf der amerikanischen Tennisrangliste an sechster Stelle gestanden und eine reiche Tochter geheiratet; an Turnieren nahm er seit fünf Jahren nicht mehr teil, und die Ehe war vor zwölf Monaten geschieden worden. Jetzt unterrichtete er an einer amerikanischen Schule in Rom amerikanische Geschichte und spielte mit verschiedenen Leuten aus Diplomatenkreisen Tennis. Bei der Auswahl seiner Lektüre orientierte er sich immer noch an der Bücherliste, die er einmal zusammengestellt hatte und von der er sich Intelligenz oder, sollte es damit nicht klappen, wenigstens Bildung erhoffte. Er war von Natur aus mit einem robusten Körper und guten Nerven ausgestattet, und seine Unwissenheit hatte ihm nie so zugesetzt, daß ihm sein Selbstwertgefühl nicht mehr zu Hilfe eilen konnte; dann, im vierten Jahr seiner Ehe, als es sowohl mit dem Tennis als auch mit der Ehe bergab ging, hatte ihn das verzweifelte Verlangen überkommen, über alles mehr wissen zu wollen. Er hatte sich hingesetzt und angefangen, die Philosophen, die Psychologen, die Historiker, die Dichter und die Kritiker zu lesen. Er wußte nicht genau, was er als gebildeter Mann, als intellektueller Autodidakt, machen sollte, und so entschloß er sich, Lehrer zu werden. Er hatte seine Frau verlassen, weil er nicht mit ihr streiten wollte und ihre Unruhe über die Veränderungen in ihm nicht ertragen konnte. Er war nach Europa gegangen. Die Scheidung hatte ihn deprimiert. Seine Tochter hatte ihm unglaublich gefehlt. Er hatte seiner geschiedenen Frau geschrieben und sie gefragt, ob Melinda ihn besuchen könne. Er werde das Flugticket nach Europa zahlen. Seine geschiedene Frau hatte sich einverstanden erklärt. Melinda hatte ihm einen Zettel geschrieben, auf dem in Blockschrift stand: «KÖNNEN WIR UNS VENEDIG ANSEHEN, PAPA?»

Sie saß neben ihm in der Gondel, blaß, mit zarten Knochen, Augenbrauen so gerade wie die seinen und Augen so grün wie die ihrer Mutter. Das rötlichblonde Haar steuerte sie allein bei, ebenso wie die dumpfe Hartnäckigkeit, mit der sie Henry gegenüber an ihrer teilnahmslosen Höflichkeit festhielt. Es war der vierte Tag ihres Besuches, ihr zweiter Tag in Venedig.

Er hatte Kopfschmerzen. Er saß zusammengesunken da, die Hände zwischen den Knien. Er fragte sich verärgert, wie die Venezianer es fertigbrachten, tagaus, tagein mit diesem trügerischen, wäßrigen Dunst zu leben, mit der Hitze, der verwirrenden Fülle der Reflexionen, der Gerüche, der verspielten architektonischen

Details, mit der beunruhigenden Mischung aus Verwahrlosung und Prunk, mit der stillen, silbrigen Luft, dem Verfall, der Geschichte und der Atmosphäre der Verderbtheit. Aber er fühlte sich gezwungen, ehrlich zu sein. In Wirklichkeit, dachte er beschämt, langweilte er sich. Es war sterbenslangweilig, soviel Zeit mit einem Kind zuzubringen.

Morgens waren sie in der Ca' d'Oro gewesen. «Ist das nicht schön?» hatte Henry gesagt. «Es heißt, es sei eines der schönsten Häuser in Europa.»

«Es ist schön», hatte das Kind gesagt.

Als er den Mantegna lange betrachtet hatte, war es zappelig geworden. «Erzähl mir die Geschichte von dem Bild, Papa», hatte es gesagt.

«Der Mann, der da von Pfeilen durchbohrt wird, ist ein Heiliger», hatte er gesagt.

So vieles in Venedig war nichts für Kinder.

Diese Reise war vielleicht ein Fehler gewesen: Den halben Zauber von Kindern machte die Bewegung aus. Kinder, die stillsitzen mußten – im Zug, bei Tisch, in einer Gondel –, wirkten reduziert: die Beschränktheit ihres Intellekts und die Härte ihrer Stimme waren nervtötend.

Nach der Ca' d'Oro hatten sie eine Gondel gemietet und waren auf den Canal Grande hinausgefahren. Beim Anblick der glanzlosen Augen und der schlaffen Lippen des Kindes hatte Henry gefragt: «Du bist doch nicht seekrank oder so?» Er hatte einen Vorschlag gemacht: «Manche Leute mögen keine Gondeln. Wenn die Gondel dich nervt, können wir auch an Land gehen.»

«Wie wäre es denn mit etwas zu essen?»

«Das hab ich ganz vergessen», hatte Henry gesagt. «Jetzt ist ja deine Essenszeit. Kannst du es noch bis San Marco aushalten? Da kenne ich mich mit den Restaurants aus.»

Während der Gondoliere seine stetigen Ruderschläge wiederaufnahm, wandte Melinda sich Henry zu – die Art, wie sie den Kopf auf die Schulter neigte, deutete auf Melancholie hin – und fragte mit dünner Stimme: «Warum haben sie Venedig auf dem Wasser erbaut?»

Ohne nachzudenken, antwortete er: «Um sicher zu sein.»

«Und auf dem Wasser ist es sicher?»

Henry, dessen Elftkläßler ihren Geschichtslehrer verehrten und seinen Ansichten vertrauten, sagte: «Na ja, Kinder können hineinfallen. Aber die Leute hier wollten vor feindlichen Armeen sicher sein.»

Das Kind wartete. Es war nicht zufriedengestellt.

Henry dachte, daß Gondeln untaugliche Wasserfahrzeuge seien, kiellos (eine gebogene Sechzehntelnote, eine Notation der Musik des Wassers). Er schreckte aus seiner Betrachtung hoch. «Armeen können nicht zugleich schwimmen und kämpfen.»

«Sie könnten doch in kleinen Booten kommen», sagte das Kind.

Henry klopfte sich die Knie seiner Hosen ab. «Die Venezianer hätten hinausschwimmen und sie umkippen können, mit kleinen Booten hätten sie alles mögliche machen können. Die Venezianer hatten tausend Jahre lang keinen Ärger mit feindlichen Armeen.» Er lächelte, um etwaige Lücken in seiner Erklärung zu überdecken – seines körperlichen Charmes war er sich schon immer außerordentlich sicher gewesen.

«Tausend Jahre?» fragte das Kind.

«Ja», versicherte er, «tausend Jahre.»

Das Kind kniff ein Auge zu und sah ihn mit dem anderen an. «Ist das lange, Papa?»

Henry unterdrückte einen Seufzer. «Ich erklär's dir», sagte er. «Nehmen wir zum Beispiel Oma Beecher. Die ist doch ganz schön alt, nicht?» Sein Blick bewirkte, daß sie ihm aufmerksam zuhörte. «Und jetzt stell dir *ihre* Großmutter vor. Und dann geh weiter zurück bis zur *zwanzigsten* Großmutter. Eine ganze Menge Großmütter, was?»

Keiner von beiden schien die Augen vom anderen abwenden zu können. Schließlich merkte er, daß der Blick des Kindes langsam durch ihn hindurch ins Leere ging.

Langsam streckte es die Hand über das Wasser; es beobachtete, wie der Schatten seiner Hand auf den von der Sonne vergoldeten Wellen seine Gestalt veränderte. Es war so leblos wie ein Mosaik, und doch sprach es. «Sind diese Paläste so schief und krumm, weil sie so alt sind?»

Henry sagte: «Na ja, ja und nein.» Er hielt inne und fuhr dann beherzt fort: «Die Gebäude sind alt, ja, aber das ist noch nicht alles. Die Inseln, auf denen sie stehen, waren bloß Sandbänke – sie ragten so eben aus dem Wasser, und die Venezianer erhöhten sie mit Steinen, Holz und Abfall …»

«Abfall – igitt!» Das Kind hielt sich die Nase zu. «Tja», sagte sein Vater, «sie erhöhten die Inseln. Aber im Laufe der Zeit leckten die Wellen daran. Wellen sind wie kleine Zungen», sagte er, jäh poetisch werdend. «Sie lecken die Inseln Stück für Stück ab, die Inseln senken sich, und die Häuser werden schief.» Es war traurig, dachte Henry, daß sie zu jung war, um zu verstehen, daß Sonnen, Sterne, Menschen, die Intelligenz und alles Erschaffene notwendig aus dem Chaos entstanden und im Chaos vergingen.

Blinzelnd sah Melinda zu Henry auf. «Stürzt Venedig ein, Papa?» fragte sie.

«Na ja – ja und nein», sagte Henry. «Es *versinkt*, wenn auch nur ganz langsam.»

«Mensch, Papa, du weißt aber eine ganze Menge», sagte sie mit verzweifelter Begeisterung.

Henry spürte, daß ihm die Röte heiß ins Gesicht stieg. «In jedem Reiseführer kannst du nachlesen ...», sagte er. Er sprach den Satz nicht zu Ende. Er betrachtete die Barock-Paläste an diesem neueren Abschnitt des Canal Grande, Paläste, die gesprenkelt waren mit Mittagsschatten, eingehüllt in Simse, Pfeiler und Balustraden, traurig.

«Es wird also nicht einstürzen, solange wir hier sind?» fragte das Kind. Es lachte zaghaft.

Wollte sie denn, daß Venedig einstürzte? «Nein», sagte Henry, «es wird nicht einstürzen.» In ihrem Gesicht sah er Enttäuschung. Er sagte: «Du kennst doch den großen Turm an der Piazza – den roten Turm. Der ist mal eingestürzt ... zu Henry James' Zeiten. Vor ungefähr sechzig Jahren.» Melinda sah ihn, wie er fand, erwartungsvoll an. Sie wollte mehr über den Untergang Venedigs hören. Du lieber Himmel, warum wünschte das Kind dieser phantastischen, auf Schlamm und Abfall gebauten Stadt Böses? Lag es daran, daß es sich verraten fühlte, daß es wütend war auf die Welt der Erwachsenen und deshalb auf ihre Zerstörung hoffte? Henrys Herz bebte: Melinda war eine verratene Idealistin. Schmerzerfüllt sah er sie an.

Sie hatte ein verständnisloses Stirnrunzeln aufgesetzt, das den Eindruck vermittelte, als ränge sie mit einem nur halb ausformulierten weiblichen Gedanken.

«Was ist?» fragte Henry. «Denkst du etwas? Was denkst du?»

Das Kind schreckte auf, schüttelte den Kopf und zog die Schultern hoch.

«Sag es mir ruhig», sagte Henry aufmunternd.

«Dann wirst du wütend», sagte sie.

«Ich?» Er hielt inne. Langsam fuhr er fort: «Und selbst wenn ich wütend werde – das macht doch nichts. Väter und Töchter dürfen ruhig wütend aufeinander werden, wenn sie wollen. Das macht überhaupt nichts. Wir können doch nicht unser Leben lang Angst voreinander haben.» Melinda musterte ihren Daumen. «Oje, und wenn ich wütend werde, fange ich womöglich noch an zu schreien und mit den Armen zu fuchteln und falle in den Canal Grande – wäre das nicht komisch?»

Melinda schwieg.

«Na, komm schon», sagte Henry. Er beugte sich zu ihr. «Versuch doch, mich wütend zu machen. Probier es aus.»

«Ich hab zuviel Angst.»

«Vor mir?»

«Ich weiß nicht», sagte sie taktvoll. Sie steckte ihren Zeigefinger ins Wasser. Henry konnte nur ihren Hinterkopf sehen.

Ihn überkam jenes Gefühl der Schuldlosigkeit, das man hat, wenn man meint, mißverstanden worden zu sein. «Das Wasser ist schmutzig!» rief er.

Melinda hob den Finger und umfaßte ihn mit der anderen Hand in ihrem Schoß; Wassertropfen färbten ihren blaßblauen Rock dunkel.

Henry sagte: «Ich kann mir nicht vorstellen, daß du mir etwas sagen könntest, das mich wütender machen würde als die Tatsache, daß du es mir *nicht* sagst.»

«Na gut ...», flüsterte Melinda. Die Gondel schwankte. Ein Motorboot, das aussah wie ein Rettungsboot und mit gestapelten Coca-Cola-Kästen beladen war, tuckerte vorbei. «Eigentlich gefällt es mir gar nicht in Venedig.»

Er hatte erwartet – und seit dem Augenblick, in dem er erkannt hatte, daß sie Venedig einstürzen sehen wollte, waren seine diesbezüglichen Hoffnungen gewachsen –, daß sie etwas Aufschlußreicheres von sich geben würde, irgendein Eingeständnis vielleicht, daß diese Distanz, die seit der Scheidung zwischen ihr und Henry entstanden war, sie traurig machte, etwas in der Art wie: «Ich finde es schrecklich, daß Mama und du nicht mehr zusammenlebt», eben etwas Aufrichtiges.

«Du wolltest nach Venedig fahren!» sagte er. «Das war deine Idee!»

«Es ist aber nicht so, wie ich gedacht habe», sagte sie. «Hier ist nichts echt, außer dem Wasser.»

Henrys Mund öffnete sich, und dann drang

Gelächter heraus. Er lachte ziemlich lange. Er wurde wieder ernst: Würde es Melinda etwas ausmachen, daß eine Stadt unecht war, wenn die Tatsache, daß Henry von zu Hause fortgegangen war, sie nicht gelehrt hätte, daß es überall Falschheit gab? Mitleidig, zärtlich blinzelte er sie an.

«Warum hast du gelacht?» Ihr Gesicht war rot, so gekränkt fühlte sie sich.

«Weil ich fand, daß das eben geistreich war.» Er sah sie an. «Weißt du, was ‹geistreich› bedeutet?»

«Nein.»

«Etwas, das mehr oder weniger wahr ist und überraschend kommt, bringt die Leute zum Lachen. Das nennt man geistreich.»

«Und das war ich?» sagte sie.

«Ja. Das warst du ... Aber, Melinda – die meisten Leute finden Venedig schön, auch wenn es unecht ist», sagte Henry.

Das Gesicht des Kindes verdüsterte sich, als hätte er ihr damit sein Mißfallen kundgetan.

Mit jenem Gefühl der Ungeschicklichkeit, das ihn jedesmal überfiel, wenn sie ihn bat, ihr mit einem dieser kleinen Knöpfe zu helfen, versuchte Henry, die Sache wieder geradezubiegen. «Aber das Wasser magst du doch, oder?»

«Und die Tauben», sagte das Kind, bemüht, es ihm recht zu machen.

«Warum? Sind die echt?»

«Ja», sagte das Kind und nickte energisch.

Warum sah es so erwartungsvoll aus? *Ich geb's auf,* dachte Henry und lachte vor Wut und Müdigkeit. Langsam färbte sich Melindas Gesicht wieder rot. Sie strich ihren Rock glatt. Eine sanfte Glut schien Besitz von ihr ergriffen zu haben. Er sagte: «Wenn es dir hier nicht gefällt, bleiben wir natürlich nicht. Wir können nach Paris fahren.»

«Paris?» Die Glut nahm zu und wurde dann schwächer. «Wenn du willst», sagte sie und starrte in ihren Schoß.

Henry hatte angefangen, ihre wohlerzogene Unverbindlichkeit widerwärtig zu finden. Während der ersten Tage ihres Besuches hatte er gedacht, sie sei noch immer erschrocken darüber, daß Mama-und-Papa nicht mehr ein einziges, mit Bindestrich geschriebenes warmes Tier war; er hatte sich gesagt: «Sie muß sich erst daran gewöhnen, daß ich eine Einzelperson bin.» Er hatte nicht damit gerechnet, daß sie dieser Einzelperson gegenüber so lange wohlerzogen und verängstigt bleiben würde. Er begann, Sätze abzuspulen wie ein Verkäufer, der einen Kunden beschwatzen will. «Heute nachmittag gehen wir schwimmen – am Lido. Wir setzen mit dem Ausflugsboot über. Wir werden im ‹echten› Wasser schwimmen, und heute abend essen wir, und dann packen wir und leisten uns ein Eis, und morgen fliegen wir nach Paris. Wir werden über die Alpen fliegen. Du wirst die Alpen sehen – die hast du noch nie gesehen. Wir werden rechtzeitig zum Mittagessen in Paris sein. Und wir werden vor dem Restaurant essen, auf der Straße –»

«Ich weiß. Das hab ich im Fernsehen gesehen.»

«Aber wird es dir gefallen?»

Besorgt fragte das Kind: «Hast du denn genug Geld?»

Ach du liebe Zeit, dachte Henry, *sie hat diese Streitereien mitgekriegt.* «Nein», sagte er, «ich kann's mir nicht leisten. Aber wir tun's trotzdem.»

Melinda machte große Augen. Es war, als weitete sich ihr Gesicht vor Vergnügen. Sie hielt sich die Hand vor den Mund und lachte.

«Was ist daran so komisch?» sagte Henry.

«Du bist komisch, Papa. Du bist so toll.» Sie schob ihre Hand in seine und knetete mit eifrigem, gummiartigem Druck seine Finger – eine aktive Inbesitznahme. Das Licht hüpfte und tanzte über den Schwanenhals des phantastisch geformten Bugs der Gondel. Sie seufzte. «Papa», sagte sie nach einer Weile. «Du kennst doch den Jungen, der gegenüber wohnt?» Sie meinte gegenüber der Wohnung in den Staaten, wo sie mit ihrer Mutter wohnte. «Also, der will immer so schmutzige Spiele machen.»

Henry fuhr sich mit der Zunge über die Unterlippe. Wie seltsam rührend das ist, daß dieses Kind mir vertraut, dachte er. «So?» sagte er.

«Ja», sagte sie.

«Was meinst du denn mit ‹schmutzige Spiele›?» Seine Augen musterten forschend ein Stückchen des Himmels über Venedig; seine Stimme war so ruhig wie die eines Psychiaters.

«Du weißt schon.»

«Gib mir mal ein Beispiel.»

«Ach, er will, daß ich mit ihm in die Besenkammer gehe und mich ausziehe.»

Die Gondel glitt unter dem Ponte dell'Accademia hindurch. «Tatsächlich?»

«Ja», sagte Melinda und nickte.

Henry nahm sich ein anderes Stückchen Himmel vor. «Ist das alles?» fragte er.

«Er ist wirklich blöd», sagte sie ungerührt. «... Er spielt gerne Bäuche-aneinander-Reiben.»

Henry hörte das gedämpfte Poltern von Schritten auf der Holzbrücke. «Magst du das auch?»

«Manchmal», sagte Melinda. Sie strich sich das Ende einer Haarsträhne von der Wange. «Aber eigentlich stehe ich nicht drauf, mit ihm solche Spiele zu machen.» Sie sah mit gerunzelter Stirn zu ihrem Vater auf. «Er wird wütend, wenn ich nicht mitmache.»

«Was kümmert dich das? Macht es dir was aus, wenn er wütend wird?»

«Na ja, ich möchte nicht, daß er allzu wütend wird. Ich will ja, daß er mit mir spielt, wenn ich mich langweile.»

«Ist es so schlimm, wenn man sich langweilt?» sagte Henry. Seine Stimme war lauter geworden.

«Kommt drauf an.»

Sie will mich dafür bestrafen, daß ich sie verlassen habe, dachte Henry. *Du lieber Himmel.* Er nahm sich vor, etwas über verhaltensgestörte Kinder zu lesen. Er beschattete mit der Hand die Augen und sagte: «Du gehst nicht mehr in die Besenkammer!»

Melinda stieß ein verblüfftes, unwillkürliches kleines Lachen aus. Sie starrte ihn mit rosiger Verwunderung an.

«Was ist daran so komisch?» fragte Henry.

«Du!» rief das Kind. «Was du denkst! Du willst mich küssen!» Auf ihrer Stirn hüpften Haarsträhnen im silbrigen Licht. Sie versteckte Mund und Wangen hinter ihren Händen.

Das sonnenbeschienene Panorama wurde zu

einem prächtigen Oval zusammengepreßt, in dessen Zentrum das zum Teil von ihren Fingern verdeckte Gesicht seiner Tochter schwebte. «Du hast recht», sagte Henry erstaunt.

Ein Schauer lief über die Schultern des Kindes; ein Ton, halb erstickter Schrei und halb Gelächter, drang zwischen den Fingern hervor.

Rechts und links der Kanäle, am Rand seines Blickfeldes, erhob sich die Stadt Venedig bebend auf ihren unsicheren Inseln, bestürmt von den gierigen, beschützenden, herb riechenden Wellen des Meeres. Er küßte Melindas Hände, und als sie sie wegnahm, küßte er ihre Wange, ihre Nase, ihr Kinn.

Die Gondel trieb auf das seewärts gelegene Ende der Piazetta zu. In jener Erschöpfung, die dem Lachen folgt, ruhte Melindas Kopf an Henrys Brust. Ihr Arm lag auf seinem Bauch. «Wir sind an der Piazza», sagte Henry.

Melinda setzte sich auf und fuhr sich mit der Hand über das Haar. Benommen betrachtete sie den nahenden Anleger, die steinernen Linien der Perspektive, die sich hinter dem geflügelten Löwen weitete, den Palast mit seinem Rautenmuster, das hübsche Durcheinander aus byzantinischem Krimskrams, die bronzenen Pferde, goldenen Kuppeln, Spitztürmchen, Fahnenstangen und Tauben. «*Ciao,* Piazza», sagte das Kind freundlich. «*Ciao*, Mittagessen. *Ciao*, Tauben.»

Ernest Hemingway

Das Ende von Etwas

Früher einmal war Hortons Bay eine Bauholz-Stadt gewesen. Niemand, der dort wohnte, war außerhalb des Hörbereichs der großen Sägemühle am See. Dann, eines Tages, gab es keine Baumstämme mehr, um Bauholz zu machen. Die Holzschoner kamen in die Bucht und wurden mit dem Schnittholz des Sägewerks, das auf dem Hof gestapelt stand, beladen. Alle Stapel Bauholz wurden weggebracht. Aus der großen Mühle nahm man alle transportablen Maschinen fort und ließ sie von den Leuten, die bisher in der Mühle gearbeitet hatten, auf einen der Schoner laden. Der Schoner entfernte sich aus der Bucht hinaus dem offenen See zu, an Bord die beiden großen Sägen, den Transportwagen, der die Baumstämme gegen die rotierenden Kreissägen schleuderte, und all die Walzen, Räder, Treibriemen und Eisen, aufgetürmt auf einer schiffrumpftiefen Ladung Bauholz. Nachdem der offene Raum mit Planen zugedeckt und diese festgebunden waren, füllten sich die Segel des Schoners, und er bewegte sich hinaus in den offenen See, all das mit sich führend, was die Mühle zur Mühle und Hortons Bay zur Stadt gemacht hatte.

Die einstöckigen Schlafquartiere, das Speisehaus, das Warenhaus, die Mühlenbüros und die große Mühle selbst standen verlassen inmitten von ungeheuren Mengen Sägemehls da, das die sumpfige Wiese am Ufer der Bucht bedeckte.

Zehn Jahre später war nur noch der zerfallene weiße Kalkstein der Grundmauern von dem Sägewerk übrig, den Nick und Marjorie, als sie am Ufer entlangruderten, durch die sumpfige, in zweiter Blüte stehende Wiese schimmern sahen. Sie angelten am Rand der Fahrrinne, wo der Grund plötzlich von flachen, sandigen Stellen zu zwölf Fuß tiefem dunklem Wasser abfiel. Sie angelten auf ihrem Weg zu der Landspitze, wo sie für die Regenbogenforellen Nachtangeln auslegen wollten.

«Da ist unsere alte Ruine, Nick», sagte Marjorie.

Nick blickte beim Rudern auf die weißen Steine zwischen den grünen Bäumen.

«Ja, da ist sie», sagte er.

«Kannst du dich daran erinnern, als es ein Sägewerk war?» fragte Marjorie.

«Ja, grade», sagte Nick.

«Es sieht eher wie ein Schloß aus», sagte Marjorie.

Nick sagte nichts. Sie ruderten weiter, verloren das Sägewerk aus den Augen und folgten der Uferlinie. Dann kreuzte Nick die Bucht.

«Sie beißen nicht an», sagte er.

«Nein», sagte Marjorie. Auch während sie sprach, paßte sie die ganze Zeit über scharf auf die Angel auf. Sie fischte gern. Sie fischte gern mit Nick.

Ganz dicht am Boden durchbrach eine große Forelle den Wasserspiegel. Nick zog kräftig an einem Ruder, um das Boot zu wenden, damit der Köder, der weit hinter ihnen trieb, dort vorbeikam, wo die Forelle fraß. Als der Rücken der Forelle aus dem Wasser auftauchte, sprangen die Elritzen wie wild. Sie sprenkelten die Oberfläche, als hätte man eine Handvoll Schrot ins Wasser geworfen. Eine zweite Forelle durchbrach fressend das Wasser auf der anderen Seite des Bootes.

«Sie fressen», sagte Marjorie.

«Aber sie beißen nicht an», sagte Nick.

Er ruderte das Boot herum, um zwischen den beiden fressenden Fischen hindurchzuködern; dann nahm er den Kurs auf die Landspitze. Marjorie haspelte die Angelschnur erst auf, als das Boot das Ufer berührte.

Sie zogen das Boot auf den Strand, und Nick hob einen Eimer mit lebenden Barschen heraus. Die Barsche schwammen im Wasser im Eimer umher. Nick fing drei von ihnen mit der Hand, schnitt ihnen die Köpfe ab und enthäutete sie, während Marjorie mit ihren Händen im Eimer herumjagte, schließlich einen Barsch fing, seinen Kopf abschnitt und ihn enthäutete. Nick besah sich ihren Fisch.

«Nimm lieber die Bauchflosse nicht heraus», sagte er. «Es geht zwar als Köder, aber es ist besser, wenn die Bauchflosse drinbleibt.»

Er hakte jeden der enthäuteten Barsche durch den Schwanz. An dem Vorfach jeder Angel waren zwei Haken befestigt. Dann ruderte Marjorie das Boot über die Fahrrinne hinaus, sie hielt die Leine zwischen den Zähnen und hatte das Gesicht Nick zugewandt, der am Ufer stand, die Angelrute hielt und die Schnur von der Rolle laufen ließ.

«So ungefähr da», rief er.

«Soll ich sie loslassen?» rief Marjorie zurück, die Leine in der Hand.

«Ja, laß sie los.» Marjorie ließ die Leine über Bord und sah zu, wie die Köder im Wasser niedersanken.

Sie kam mit dem Boot zurück und legte die zweite Leine auf die gleiche Art aus. Beide Male legte Nick ein schweres Stück Treibholz über das dicke Ende der Angelrute, um sie in Position zu halten, und stützte sie mit einem kleinen Stück Holz ab. Er haspelte die schlaffe Leine auf, so daß die Leine straff bis zu der Stelle lief, wo der Köder auf dem sandigen Grund der Fahrrinne lag, und setzte den Sperrhaken auf die Rolle. Sobald eine Forelle auf dem Grund fraß und den Köder nahm, würde sie damit wegziehen, die Leine mit Ungestüm von der Rolle abwickeln und so die Rolle mit dem Sperrhaken zum Schnurren bringen.

Marjorie ruderte ein Stückchen an der Landspitze entlang, um nicht der Leine in die Quere zu kommen. Sie zog kräftig an den Rudern, und das Boot lief ein ganzes Stück den Strand hinauf. Kleine Wellen kamen mit ihm herauf. Marjorie stieg aus dem Boot, und Nick zog das Boot weit den Strand herauf.

«Was ist denn los, Nick?» fragte Marjorie.

«Ich weiß nicht», sagte Nick und holte Holz, um Feuer zu machen.

Sie machten ein Feuer mit Treibholz. Marjorie ging zum Boot und holte eine Decke. Die Abendbrise blies den Rauch nach der Landspitze zu, darum breitete Marjorie die Decke zwischen dem Feuer und dem See aus.

Marjorie saß auf der Decke mit dem Rücken zum Feuer und wartete auf Nick. Er kam herüber und setzte sich neben sie auf die Decke. Hinter ihnen war der dichte junge Baumwuchs der Landspitze, und vor ihnen war die Bucht mit der Mündung von Hortons Creek. Es war nicht ganz dunkel. Der Feuerschein reichte bis zum Wasser. Sie konnten beide die zwei Stahlruten schräg über dem dunklen Wasser sehen. Das Feuer blinkte auf den Rollen.

Marjorie packte den Abendbrotkorb aus.

«Mir ist gar nicht nach Essen», sagte Nick.

«Los, komm und iß, Nick.»

«Schön.»

Sie aßen, ohne zu sprechen, und beobachteten die beiden Angelruten und den Feuerschein auf dem Wasser.

«Heute abend gibt's Mondschein», sagte Nick. Er sah über die Bucht hinweg nach den Hügeln, die sich scharf gegen den Himmel abzuzeichnen begannen. Er wußte, hinter den Hügeln kam der Mond herauf.

«Ich weiß», sagte Marjorie vergnügt.

«Du weißt alles», sagte Nick.

«Ach bitte, Nick. Laß das. Bitte, sei nicht so.»

«Ich kann nichts dazu», sagte Nick. «Es ist doch so. Du weißt alles. Das ist das Unglück. Du weißt, daß es so ist.»

Marjorie sagte gar nichts.

«Ich habe dir alles beigebracht. Du weißt, daß es so ist. Überhaupt, was weißt du eigentlich nicht?»

«Ach, hör auf», sagte Marjorie. «Da kommt der Mond.»

Sie saßen auf der Decke, ohne sich zu berühren, und sahen zu, wie der Mond aufging.

«Du brauchst doch nicht so dumm zu reden», sagte Marjorie. «Was ist denn eigentlich los?»

«Ich weiß nicht.»

«Natürlich weißt du's.»

«Nein, wirklich nicht.»

«Los, sag's.»

Nick sah weiter auf den Mond, der über die Berge heraufkam. «Es ist nicht mehr schön.»

Er hatte Angst, Marjorie anzusehen. Dann sah er sie an. Sie saß da und wandte ihm den Rücken zu. Er sah ihren Rücken an. «Es ist nicht mehr schön. Überhaupt nichts mehr.»

Sie sagte nichts. Er fuhr fort: «Weißt du, mir ist, als ob alles in mir zum Teufel gegangen ist. Ich weiß nicht, Marge. Ich weiß nicht, was ich sagen soll.»

Er blickte weiter auf ihren Rücken.

«Ist denn Liebe nicht schön?» sagte Marjorie.

«Nein», sagte Nick. Marjorie stand auf. Nick saß da, den Kopf in die Hände gestützt.

«Ich nehme das Boot», rief ihm Marjorie zu. «Du kannst um die Landspitze rum zu Fuß zurückgehen.»

«Schön», sagte Nick. «Ich stoße das Boot für dich ab.»

«Ist nicht nötig», sagte sie. Sie trieb mit dem Boot auf dem mondbeschienenen Wasser. Nick ging zurück und legte sich neben das Feuer, mit dem Gesicht auf der Decke. Er konnte Marjorie auf dem Wasser rudern hören.

Er lag dort eine lange Zeit. Er lag da, während er hörte, wie Bill, der durch den Wald strich, in die Lichtung kam. Er spürte, wie Bill sich dem Feuer näherte. Auch Bill berührte ihn nicht.

«Ist sie glücklich weg?» fragte Bill.

«Ja», sagte Nick, der mit dem Gesicht auf der Decke dalag.

«'ne Szene gehabt?»

«Nein, wir hatten keine Szene.»

«Wie fühlst du dich?»

«Bitte geh weg, Bill. Geh, laß mich ein bißchen allein.»

Bill suchte sich ein Sandwich aus dem Eßkorb aus und ging hinüber, sich die Angelruten ansehen.

John Cheever

Der Schwimmer

Es war einer jener Sonntage im Hochsommer, an denen alle Leute herumsitzen und sagen: «Ich hab gestern abend zuviel getrunken.» Von den heimkehrenden Kirchgängern hätte man es hören können wie von den Lippen des Geistlichen, der sich im *vestiarium* mit seiner Soutane abquälte, auf den Golf- und Tennisplätzen ebenso wie in dem Naturschutzgebiet, wo der Leiter des Audubon-Vereins einen scheußlichen Kater hatte. «Ich hab zuviel getrunken», sagte Donald Westerhazy. «Wir haben alle zuviel getrunken», sagte Lucinda Merrill. «Es muß am Wein liegen», sagte Helen Westerhazy. «Ich hab zuviel von dem Rotwein getrunken.»

Man saß am Rande des Westerhazyschen Schwimmbassins. Das Becken wurde aus einem stark eisenhaltigen artesischen Brunnen gespeist und war von blaßgrüner Farbe. Es war ein schöner Tag. Im Westen stand eine schwere Wolkenwand, die einer Hafenstadt – wie man sie vom Bug eines Schiffes in der Ferne liegend sieht – so täuschend ähnlich sah, daß man ihr einen Namen hätte geben mögen. Lissabon. Hackensack. Die Sonne schien heiß. Neddy Merrill saß neben dem grünen Wasser und ließ eine Hand hineinhängen. In der anderen hielt er ein Glas Gin. Er war ein schlanker Mann – von ausgesprochen jugendlicher Schlankheit, schien es –, und wenn er auch weit davon entfernt war, jung zu sein, so war er doch heute morgen noch das Treppengeländer heruntergerutscht und hatte der bronzenen Kehrseite der Aphrodite auf dem Hallentisch einen Klaps gegeben, als er auf sein nach Kaffee duftendes Eßzimmer zu schlenderte. Man hätte ihn mit einem Sommertag vergleichen können, besonders mit den letzten Stunden eines solchen Tages, und wenn er auch weder einen Tennisschläger noch einen Segeltuchsack dabei hatte, so hatte man doch ganz entschieden den Eindruck von Jugend, Sport und gutem Wetter. Er war eben noch geschwommen und holte nun tief und geräuschvoll Luft, als könnte seine Lunge alle Elemente dieses Augenblicks in sich aufnehmen. Die Sonnenhitze, sein tiefes Glücksgefühl, alles schien in seinen Brustkasten einzuströmen. Sein eigenes Haus lag im Bullet Park, acht Meilen weiter südlich, und seine vier hübschen Töchter hatten dort wahrscheinlich schon zu Mittag gegessen und spielten Tennis. Da fiel ihm ein, daß er einen Bogen nach Südwesten schlagen und so sein Haus auf dem Wasserwege erreichen könne.

Er fühlte sich in seinem Leben nicht beengt, und seine Freude an diesem Einfall hatte nichts mit den Fluchtvorstellungen zu tun, die sich dabei aufdrängten. Ihm war, als sähe er mit dem Auge eines Kartographen die Kette von Schwimmbassins vor sich: ein gleichsam unterirdischer Strom, der sich durch den ganzen Bezirk zog. Er hatte eine Entdeckung gemacht, einen Beitrag zur modernen Geographie geleistet; er würde den Strom nach seiner Frau Lucinda nennen. Er war weder ein Spaßvogel noch ein Narr, aber er wollte um jeden Preis originell sein und hatte eine vage und gar nicht anmaßende Vorstellung von sich selbst als einer legendären Heldengestalt. Der Tag war schön, und seine Schwimmtour schien ihm wie geschaffen, ihn noch zu verschönern und zu verherrlichen.

Er legte den Sweater ab, der über seinen Schultern gehangen hatte, und machte einen Kopfsprung. Für Männer, die sich nicht kopfüber in Schwimmbassins warfen, hatte er eine unsägliche Verachtung. Er schwamm mit kurzen Kraulstößen, holte entweder nach jedem Stoß oder nach jedem vierten Stoß Luft und zählte im hintersten Winkel seines Bewußtseins das zum Kraulbeinschlag gehörende eins-zwei, eins-zwei. Dieser Stil war für große Entfernungen nicht sehr geeignet, aber mit der allgemeinen Verbreitung des Schwimmsports hatten sich bestimmte Gepflogenheiten herausgebildet, und in dieser Gegend der Welt pflegte man nun einmal zu kraulen. Von dem hellgrünen Wasser umarmt und getragen zu werden schien weniger ein Vergnügen als die Rückkehr in einen Naturzustand zu sein, und er wäre gern ohne Badehose geschwommen, aber das ließ sich mit seinem Vorhaben nicht vereinen. Er zog sich am hinteren Rand in die Höhe – die Leiter benutzte er nie – und machte sich auf den Weg über den Rasen. Als Lucinda fragte, wohin er gehe, sagte er, er wolle nach Hause schwimmen.

Die einzigen Land- und Seekarten, nach denen er sich richten konnte, existierten nur in seiner Phantasie oder in seinem Gedächtnis, aber sie waren klar genug. Zuerst kamen die Grahams, die Hammers, die Lears, die Howlands und die Crosscups. Er würde die Ditmar Street überqueren, um zu den Bunkers und, ein kleines Stück weiter, zu den Levys, den Welchers und der öffentlichen Badeanstalt in Lancaster zu gelangen. Dann kamen noch die Hallorans, die Sachs', die Biswangers, Shirley Adams, die Gilmartins und die Clydes. Der Tag war herrlich, und er empfand es als eine Wohltat, eine Gnade, in einer Welt zu leben, die so reichlich mit Wasser versehen war. Sein Herz schlug höher, und er lief über den Rasen. Die neue Route, die er sich für den Heimweg ausgedacht hatte, gab ihm die Gewißheit, ein Pilger, ein Forscher, ja, ein Mann mit einem Schicksal zu sein, und er wußte, daß er überall am Wege Freunde finden würde. Freunde würden an den Ufern des Lucinda-Flusses Spalier stehen.

Er durchquerte eine Hecke, die das Westerhazysche Grundstück von dem der Grahams trennte, ging unter einigen blühenden Apfelbäumen hindurch und an dem Schuppen vorbei, der ihre Pumpe und den Filter beherbergte, und kam am Grahamschen Schwimmbassin heraus. «Ach, Neddy», sagte Mrs. Graham, «das ist aber eine Überraschung. Ich hab schon den ganzen Morgen versucht, dich zu erreichen. Komm, ich hol dir einen Drink.» An dieser Stelle merkte er, wie jeder Forscher, daß gegenüber den gastfreundlichen Bräuchen und Gepflogenheiten der Eingeborenen diplomatische Zurückhaltung geboten war, wenn er sein Reiseziel jemals erreichen wollte. Er mochte die Grahams nicht vor den Kopf stoßen noch unhöflich erscheinen, aber er hatte nicht die Zeit, sich länger bei ihnen aufzuhalten. Er schwamm einmal von einem Ende zum andern durch ihren Pool, leistete ihnen in der Sonne Gesellschaft und wurde ein paar Minuten später durch zwei Wagenladungen von Freunden aus Connecticut erlöst. Während der stürmischen Begrüßungsszenen konnte er sich unbemerkt wegstehlen. Er ging an der Vorderfront des Grahamschen Hauses vorbei, stieg über eine Dornenhecke und gelangte über ein unbebautes Stück Land zu den Hammers. Mrs. Hammer blickte von ihren Rosen auf und sah ihn vorbeischwimmen, wußte aber nicht genau, wer er war. Die Lears hörten ihn an ihren offenen Wohnzimmerfenstern vorbeiplätschern. Die Howlands und die Crosscups waren nicht zu Hause. Als er das Howlandsche Grundstück hinter sich hatte, überquerte er die Ditmar Street und machte sich auf den Weg zu den Bunkers, von wo ihm schon auf diese Entfernung der Lärm einer Party entgegenschlug.

Stimmen und Gelächter wurden vom Wasser reflektiert und schienen mitten in der Luft zu schweben. Der Swimmingpool der Bunkers lag auf einer Anhöhe, und er stieg ein paar Stufen zu einer Terrasse hinauf, wo fünfundzwanzig bis dreißig Männer und Frauen trinkend herumstanden. Der einzige Mensch im Wasser war Rusty Towers, der sich auf einer Luftmatratze treiben ließ. Oh, wie üppig und saftig waren die Ufer des Lucinda-Flusses! Vom Glück begünstigte Menschen versammelten sich an den saphirfarbenen Wassern, während die weißbekittelten Angestellten der Lieferfirma ihnen kalten Gin reichten. Oben am Himmel zog eine rote De-Havilland-Übungsmaschine mit der Ausgelassenheit eines schaukelnden Kindes einen Kreis nach dem anderen. Ned spürte eine flüchtige Anteilnahme an der Szene, eine zärtliche Regung für die Versammlung, als wäre sie etwas, was er gern berührt hätte. In der Ferne hörte er es donnern. Als Enid Bunker ihn sah, fing sie sofort an zu kreischen: «Sieh mal an, wer kommt denn da! Das ist aber eine Überraschung! Als Lucinda sagte, du könntest nicht kommen, wär ich beinahe *gestorben*!» Sie bahnte sich einen Weg durch die Menge zu ihm hin, und als sie mit Küssen fertig waren, führte sie ihn zur Bar. Sie drangen nur langsam vor, da er mehrmals stehenbleiben mußte, um acht oder zehn weitere Frauen zu küssen und zahlreichen Männern die Hand zu schütteln. Ein lächelnder Barkeeper, den er schon auf hundert Partys gesehen hatte, gab ihm einen Gin Tonic, und er stand einen Augenblick an der Bar, bemüht, sich in kein Gespräch verwickeln zu lassen, das seine Reise verzögern konnte. Als er eingekreist zu werden drohte, machte er einen Kopfsprung und schwamm dicht am Rand entlang, um nicht mit Rustys Luftmatratze zusammenzustoßen. Am hinteren Ende des Beckens machte er mit einem breiten Lächeln einen Bogen um die Temlinsons und schlenderte den Gartenweg hinauf. Der Kies schnitt in seine Fußsohlen, aber das war auch die einzige Unannehmlichkeit. Die Party spielte sich nur am Swimmingpool ab, und als er auf das Haus zuging, verebbte das sprühende wäßrige Stimmengewirr, und er hörte Radiogeräusche aus der Bunkerschen Küche, die Übertragung eines Baseballspiels. Sonntagnachmittag. Er ging zwischen den parkenden Wagen hindurch und an der Raseneinfassung der Einfahrt entlang zur Alewives' Lane. Er wollte sich nicht gern in der Badehose auf der Straße zeigen, aber es war kein Verkehr, und er legte rasch die kurze Strecke zur Einfahrt der Levys zurück, die an einem Schild mit der Aufschrift «Privat» und an einer grünen Röhre für die *New York Times* zu erkennen war. Alle Türen und Fenster des großen Hauses standen offen, aber da war keinerlei Lebenszeichen; nicht einmal ein Hund bellte. Er ging seitlich an dem Haus vorbei zum Schwimmbassin und sah, daß die Levys erst vor kurzem weggefahren sein mußten. Auf einem Tisch am tiefen Ende, neben einem Umkleidehäuschen oder Pavillon, an dem japanische Lampions hingen, standen Gläser, Flaschen und Schalen mit Nüssen. Nachdem er durch das Bassin geschwommen war, nahm er sich ein Glas und machte sich einen Drink. Es war der vierte oder fünfte, und er hatte den Lucinda-Fluß schon fast zur Hälfte durchschwommen. Er fühlte sich müde, sauber und war im Augenblick froh, allein zu sein, froh über alles.

Ein Unwetter zog herauf. Die Wolkenwand – die Hafenstadt von vorhin – war höher gestiegen und hatte sich verfinstert, und während er noch dasaß, hörte er wieder das Grollen des Donners. Die De-Havilland-Übungsmaschine zog immer noch ihre Kreise, und Ned meinte fast, den Piloten vor Freude über den Nachmittag lachen zu hören, aber nach dem nächsten Donnerschlag setzte er den Heimweg fort. Ein Zug pfiff, und er überlegte, wie spät es inzwischen sein mochte. Vier? Fünf? Er dachte an den kleinen Bahnhof, wo um diese Zeit ein Kellner, der seinen Smoking unter dem Regenmantel versteckte, ein Zwerg mit ein paar in Zeitungspapier gewickelten Blumen und eine verweinte Frau auf die Vorortbahn zu warten pflegten.

Plötzlich wurde es dunkel: Es war der Augenblick, in dem die winzigen Vögel so etwas wie eine schrille und deutliche Vorahnung des herannahenden Gewitters in ihren Gesang hineinzulegen scheinen. Dann kam von der Krone einer Eiche hinter ihm ein feines Rauschen, als hätte jemand einen Wasserhahn aufgedreht. Und schon kamen die Springbrunnengeräusche aus den Kronen aller hohen Bäume. Warum liebte er Gewitter, was hatte die Erregung zu bedeuten, die er spürte, wenn die Tür aufsprang und die Regenböen die Treppe hinauffegten, warum kam ihm die einfache Vorsichtsmaßnahme, die Fenster eines alten Hauses zu schließen, so sinnvoll und notwendig vor, und warum hatten die ersten nassen Ankündigungen eines Gewittersturms für ihn diesen unmißverständlichen Klang guter Nachrichten, heiterer, froher Botschaften? Jetzt gab es eine Explosion, es roch nach Pulver, und der Regen peitschte gegen die japanischen Lampions, die Mrs. Levy im vorletzten Jahr in Kioto gekauft hatte, oder war es das Jahr davor?

Er blieb im Pavillon der Levys, bis das Gewitter vorüber war. Die Luft hatte sich nach dem Regen stark abgekühlt, und er fröstelte. Der heftige Wind hatte die gelbroten Blätter eines Ahorns abgestreift und sie über das Gras und das Wasser verstreut. Da es Hochsommer war, mußte der Baum von Mehltau befallen sein. Trotzdem empfand er bei diesem herbstlichen Zeichen eine eigentümliche Traurigkeit. Er riß die Schultern zurück, leerte sein Glas und brach zum Pool der Welchers auf. Unterwegs mußte er den Reitparcours der Lindleys überqueren, und er war nicht wenig erstaunt, als er sah, daß er mit Gras überwuchert war und daß man alle Hindernisse abgebrochen hatte. Er überlegte, ob die Lindleys ihre Pferde verkauft oder ob sie sie irgendwo in Pflege gegeben hatten, um den Sommer über verreisen zu können. Er glaubte, irgend etwas über die Lindleys und ihre Pferde gehört zu haben, aber er konnte sich nicht genau erinnern. Er ging weiter, barfuß durch das nasse Gras, zu den Welchers, wo er das Schwimmbassin leer fand.

Diese Lücke in seiner Wasserkette enttäuschte ihn maßlos, und er kam sich vor wie ein Forscher, der einen reißenden Gebirgsquell sucht und statt dessen ein totes Gewässer findet. Er war enttäuscht und verblüfft. Es war durchaus üblich, den Sommer über zu verreisen, aber niemand legte deswegen seinen Swimmingpool trocken. Die Welchers mußten endgültig weggezogen sein. Die Terrassenmöbel waren zusammengeklappt, aufeinandergelegt und mit einer Zeltplane zugedeckt. Das Umkleidehäuschen war verschlossen. Alle Fenster des Hauses waren geschlossen, und als er außen herum zur Einfahrt ging, sah er das an einen Baum genagelte Schild «Zu verkaufen». Wann hatte er zuletzt etwas von den Welchers gehört – das heißt, wann hatten Lucinda und er zuletzt eine ihrer Einladungen zum Abendessen abgelehnt? Es kam ihm vor, als wäre es erst vor einer Woche gewesen. Versagte sein Gedächtnis, oder hatte er es so darauf gedrillt, unerfreuliche Tatsachen zu verdrängen, daß sein Wirklichkeitssinn darunter gelitten hatte? Aus der Ferne hörte er die Geräusche eines Tennisspiels. Das munterte ihn auf, vertrieb alle Befürchtungen und half ihm, sich mit dem bedeckten Himmel und der kalten Luft abzufinden. Dies war der Tag, an dem Neddy Merrill durch den ganzen Bezirk schwamm! Dies war der Tag! Er nahm die schwierigste Strecke in Angriff.

Wäre man an diesem Sonntag nachmittag mit dem Wagen unterwegs gewesen, hätte man ihn sehen können, wie er fast nackt an der Biegung der Route 424 stand und auf eine Gelegenheit wartete, sie zu überqueren. Vielleicht hätte man sich überlegt, ob er eine Panne habe, ob er einem Verbrechen zum Opfer gefallen oder einfach nur verrückt geworden sei. Wie er dort barfuß zwischen den Abfällen am Rande des Highways stand – zwischen Bierdosen, Lappen und Reifenflicken – und Hohn und Spott über sich ergehen lassen mußte, machte er einen mitleiderregenden Eindruck. Als er aufbrach, hatte er gewußt, daß dies zu seiner Reise gehörte – es war auf seinen Landkarten eingetragen –, aber als er sich nun den Autokolonnen gegenübersah, die sich durch das Sommerlicht wälzten, merkte er, daß er darauf nicht vorbereitet war. Man lachte ihn aus, machte sich über ihn lustig, warf eine Bierdose nach ihm, und er hatte dieser Situation keine Würde und keinen Humor entgegenzusetzen. Er hätte umkehren können, zurück zu den Westerhazys, wo Lucinda wohl noch immer in der Sonne saß. Er hatte nichts unterschrieben, nichts versprochen und sich zu nichts verpflichtet, nicht einmal sich selbst gegenüber. Warum war er nicht imstande umzukehren, da er doch fest daran glaubte, daß auch der halsstarrigste Mensch Vernunftgründen zugänglich war? Warum war er entschlossen, die Reise durchzustehen, selbst wenn er dabei sein Leben aufs Spiel setzte? Zu welchem Zeitpunkt war aus dieser Posse, diesem Scherz, diesem groben Unfug bitterer Ernst geworden? Er konnte nicht umkehren, er konnte sich nicht einmal das grüne Wasser bei den Westerhazys mit einiger Deutlichkeit ins Gedächtnis zurückrufen, geschweige denn das Gefühl, all die Elemente des Tages in sich einströmen zu lassen oder die freundlich-schläfrigen Stimmen, die sagten, sie hätten zuviel getrunken. Innerhalb einer Stunde hatte er eine Entfernung zurückgelegt, die ihm die Rückkehr unmöglich machte.

Ein alter Mann, der mit fünfzehn Meilen pro Stunde den Highway entlangjuckelte, ließ ihn bis zum Grünstreifen auf der Straßenmitte gelangen. Hier mußte er den Spott der nordwärts rollenden Verkehrsteilnehmer über sich ergehen lassen, aber nach zehn oder fünfzehn Minuten konnte er die Fahrbahn überqueren. Jetzt waren es nur noch wenige Schritte bis zum Sportplatz am Ende von Lancaster, einem Dorf, wo es ein paar Handballfelder und eine öffentliche Badeanstalt gab.

Die Wirkung des Wassers auf die Stimmen, die Illusion des Sprühens und Schwebens war hier die gleiche wie bei den Bunkers, aber die Geräusche waren lauter, greller und schriller, und er hatte kaum das überfüllte Gelände betreten, als er sich auch schon behördlichen Vorschriften gegenübersah. «ALLE SCHWIMMER MÜSSEN SICH DUSCHEN, BEVOR SIE DAS SCHWIMMBAD BETRETEN. ALLE SCHWIMMER MÜSSEN DAS FUSSBAD BENÜTZEN. ALLE SCHWIMMER MÜSSEN IHRE ERKENNUNGSMARKE TRAGEN.» Er duschte sich, wusch sich in einer trüben, scharfen Lauge die Füße und trat an den Rand des Beckens. Das Wasser stank nach Chlor und kam ihm wie eine Kloake vor. Zwei Bademeister auf zwei Beobachtungsständen ließen in offenbar regelmäßigen Abständen ihre Signalpfeifen gellen und beschimpften die Schwimmer über eine Lautsprecheranlage. Neddy dachte sehnsüchtig an das saphirne

Wasser der Bunkers zurück und fürchtete, sich anzustecken und seinem Charme und Wohlbefinden zu schaden, wenn er durch diese Brühe schwamm, aber er vergegenwärtigte sich, daß er ein Forscher war, ein Pilger, und daß dies nur ein toter Arm des Lucinda-Flusses war. Zähneknirschend vor Ekel machte er einen Kopfsprung in das Chlorwasser. Er mußte mit dem Kopf über Wasser schwimmen, um Kollisionen zu vermeiden, aber selbst so wurde er noch gestoßen, bespritzt und angerempelt.

Als er den Nichtschwimmerteil erreichte, brüllten beide Bademeister auf ihn ein: «He, Sie da, Sie ohne Erkennungsmarke, machen Sie, daß Sie aus dem Wasser kommen.» Er tat es, aber sie hatten keine Möglichkeit, ihn zu verfolgen, und er ging durch die sonnenöl- und chlorgeschwängerte Luft und durch den Windschutz nach draußen und dann an den Handballplätzen entlang. Er überquerte die Straße und betrat das Waldstück des Halloranschen Besitztums. Zwischen den Bäumen wucherte Gestrüpp, und der Boden war schlüpfrig und unangenehm, bis er den Rasen erreichte und die beschnittene Buchenhecke, die den Swimmingpool umgab.

Die Hallorans waren gute Freunde von ihnen, ein älteres Ehepaar von märchenhaftem Reichtum, das sich darin zu sonnen schien, daß man sie kommunistischer Neigungen verdächtigte. Sie waren eifrige Weltverbesserer, aber sie waren keine Kommunisten. Trotzdem nahmen sie es gern und mit freudiger Erregung zur Kenntnis, wenn ihnen, wie es mitunter vorkam, subversive Tätigkeit vorgeworfen wurde. Ihre Buchenhecke war gelb, und er vermutete, daß sie ebenso vom Mehltau befallen war wie der Ahornbaum der Levys. Er rief «hallo, hallo», um die Hallorans darauf vorzubereiten, daß er sich näherte, und seinem Eindringen in ihre Privatsphäre einen harmlosen Anstrich zu geben. Denn die Hallorans trugen aus irgendwelchen, ihm nicht näher bekannten Gründen keine Badeanzüge. Begründungen waren auch gar nicht erforderlich. Ihre Nacktheit war nur eine Begleiterscheinung ihres kompromißlosen Reformeifers, und er legte höflich seine Badehose ab, bevor er durch die Öffnung der Hecke trat.

Mrs. Halloran, eine beleibte Frau mit weißem Haar und einem heiter-gelassenen Gesicht, las in der *Times*. Mr. Halloran holte mit einer Schöpfkelle Buchenblätter aus dem Wasser. Offenbar waren sie weder erstaunt noch unangenehm berührt, ihn zu sehen. Ihr Pool war vielleicht der älteste im Bezirk, ein Rechteck aus Feldsteinen, das von einem Bach gespeist wurde. Es gab weder Filter noch Pumpe, und das Wasser hatte den gleichen undurchsichtigen Goldton wie der Bach.

«Ich schwimme durch den Bezirk», sagte Ned.

«Nanu, das hab ich ja noch gar nicht gewußt, daß man das kann», rief Mrs. Halloran aus.

«Na ja, von den Westerhazys bis hierher hab ich's geschafft», sagte Ned, «das sind ungefähr vier Meilen.»

Er ließ seine Badehose am tiefen Teil, ging zum flachen Teil und schwamm die Strecke zurück. Als er sich aus dem Wasser zog, hörte er Mrs. Halloran sagen: «Es hat uns schrecklich leid getan, als wir von all deinem Unglück hörten, Neddy.»

«Mein Unglück?» fragte Ned. «Ich weiß nicht, was du meinst.»

«Na ja, wir haben gehört, daß du das Haus verkauft hast und daß deine armen Kinder ...»

«Ich kann mich nicht erinnern, das Haus verkauft zu haben», sagte Ned, «und die Mädchen sind zu Hause.»

«Ja», seufzte Mrs. Halloran. «Ja ...» Ihre Stimme verbreitete eine unangebrachte Melancholie, und Ned sagte aufmunternd: «Danke fürs Schwimmen.»

«Bitte, und gute Reise», sagte Mrs. Halloran.

Hinter der Hecke zog er seine Badehose an und machte sie fest. Sie saß locker, und er überlegte, ob er im Laufe eines Nachmittags so viel abgenommen haben könne. Ihn fror, und er war müde, und die nackten Hallorans und ihr dunkles Wasser hatten deprimierend auf ihn gewirkt. Die Schwimmtour ging über seine Kräfte, aber wie hätte er das ahnen sollen, als er heute morgen das Geländer herunterrutschte und bei den Westerhazys in der Sonne saß? Seine Arme waren lahm. Seine Beine fühlten sich wie Gummi an und schmerzten in den Gelenken. Das

Schlimmste war die Kälte, die ihm in den Knochen saß, und das Gefühl, nie wieder warm zu werden. Um ihn herum fielen die Blätter, und der Wind trug den Geruch brennenden Holzes zu ihm herüber. Wer in aller Welt verbrannte um diese Jahreszeit Holz? Er brauchte einen Drink. Whiskey würde ihn wärmen, ihm Auftrieb geben, ihm über die letzte Strecke seiner Reise hinweghelfen und die Gewißheit wiederaufleben lassen, daß es originell und mutig war, den Bezirk zu durchschwimmen. Kanalschwimmer tranken Brandy. Er brauchte ein Stimulans. Er überquerte den Rasen vor dem Halloranschen Haus und ging einen schmalen Pfad hinunter auf das Haus zu, das sie für ihre einzige Tochter Helen und deren Mann Eric Sachs gebaut hatten. Der Pool der Sachs' war klein, und er fand Helen und ihren Mann dort.

«Ach, *Neddy*», sagte Helen, «hast du bei Mutter zu Mittag gegessen?»

«*Eigentlich* nicht», sagte Ned. «Ich hab nur kurz bei deinen Eltern reingeschaut.» Diese Erklärung schien zu genügen. «Es tut mir schrecklich leid, daß ich euch so überfalle, aber ich hab mich erkältet und wollte euch um einen Drink bitten.»

«Sonst *liebend* gern», sagte Helen, «aber leider haben wir seit Erics Operation nichts mehr im Hause. Das ist nun schon drei Jahre her.»

Hatte er das Gedächtnis verloren, sollte ihm etwa entfallen sein – dank seiner Gewohnheit, schmerzliche Tatsachen einfach zu verdrängen –, daß er sein Haus verkauft hatte, daß seine Kinder Not litten und sein Freund krank gewesen war? Er ließ den Blick von Erics Gesicht zu seinem Bauch hinuntergleiten, wo er drei blasse, verwachsene Narben sah, von denen zwei mindestens einen Fuß lang waren. Sein Nabel war verschwunden, und Ned überlegte, was die Hand wohl mit einem Bauch ohne Nabel anfangen sollte, wenn sie um drei Uhr morgens im Schlaf kontrollierte, was die Natur einem mitgegeben hatte, ohne Bindeglied zur Geburt, mit dieser Lücke in der Erbfolge?

«Du kannst bestimmt bei Biswangers einen Drink bekommen», sagte Helen. «Da ist gerade ein Riesenfest im Gange. Man hört es bis hier. Horch mal.»

Sie hob den Kopf, und über die Straße, die Rasenflächen, die Gärten, die Wälder und die Felder hörte er wieder das sprühende Stimmengewirr über dem Wasser. «Schön, ich feuchte mich mal eben an», sagte er, immer noch aus dem Gefühl heraus, daß er unter den verschiedenen Mitteln zur Fortbewegung keine freie Wahl hatte. Er sprang in das kalte Wasser der Sachs' und legte keuchend und fast ertrinkend den Weg vom einen Ende des Bassins zum andern zurück. «Lucinda und ich würden euch *furchtbar* gern mal sehen», sagte er im Gehen über die Schulter hinweg, das Gesicht schon den Biswangers zugewandt. «Es tut uns leid, daß wir so lange nichts voneinander gehört haben, wir werden uns bald mal bei euch melden.»

Auf dem Weg zu den Biswangers und ihrer geräuschvollen Lustbarkeit mußte er einige Felder überqueren. Es würde ihnen eine Ehre sein, ihm einen Drink anzubieten, sie würden sich freuen, ihm einen Drink anbieten zu können, ja, sie würden geradezu glücklich sein, ihm einen Drink anbieten zu dürfen. Die Biswangers luden Lucinda und ihn viermal im Jahr zum Abendessen ein, und zwar sechs Wochen vorher. Sie erhielten nur Absagen, und doch schickten sie immer wieder ihre Einladungen, als wollten sie die strengen und undemokratischen Gesetze ihrer gesellschaftlichen Wirklichkeit nicht zur Kenntnis nehmen. Sie gehörten zu jenen Leuten, die beim Cocktail über Preise diskutieren, beim Essen Börsentips austauschen und nach dem Essen in Anwesenheit der Damen schmutzige Geschichten erzählen. Sie zählten nicht zu Neddys Freundeskreis – sie standen nicht einmal auf Lucindas Weihnachtskartenliste. Er ging mit aus Gleichgültigkeit und Barmherzigkeit gemischten Gefühlen auf ihren Pool zu, nicht ohne ein gewisses Unbehagen, denn es schien schon dunkel zu werden, und dabei waren dies doch die längsten Tage des Jahres. Die Gesellschaft, unter die er sich mischte, war groß und geräuschvoll. Grace Biswanger gehörte zu der Art von Gastgeberinnen, die den Optiker, den Tierarzt, den Immobilienhändler und den Zahnarzt einluden. Niemand schwamm, und das im Wasser gespiegelte Zwielicht hatte einen winterlichen Schimmer. Es gab eine Bar, und er ging darauf zu. Als Grace Biswanger ihn sah, kam sie ihm entgegen, aber nicht herzlich, wie er mit Recht erwarten durfte, sondern feindselig.

«Ha, auf dieser Party gibt es aber auch alles», sagte sie laut und vernehmlich, «sogar einen ungebetenen Gast.»

Sie konnte ihn nicht in aller Öffentlichkeit vor den Kopf stoßen, das kam gar nicht in Frage, und er zuckte kein bißchen zusammen. «Ist dir ein ungebetener Gast», fragte er höflich, «einen Drink wert?»

«Tu dir keinen Zwang an», sagte sie. «Du scheinst ja auf Einladungen keinen großen Wert zu legen.»

Sie kehrte ihm den Rücken, um sich irgendwelchen Gästen zu widmen, und er ging zur Bar hinüber und verlangte einen Whiskey. Der Barkeeper bediente ihn, aber er bediente ihn unhöflich. Neddys Welt war eine Welt, in der die Angestellten der Lieferfirma gesellschaftliche Zensuren verteilten, und eine Zurücksetzung durch einen Halbtagsbarkeeper bedeutete, daß er in der allgemeinen Wertschätzung gesunken war. Oder vielleicht war der Mann nur neu und wußte nicht Bescheid. Dann hörte er Grace hinter seinem Rücken sagen: «Sie haben von einem Tag auf den andern Bankrott gemacht – nur Einkommen –, und eines Sonntags tauchte er hier betrunken auf und wollte uns um fünftausend Dollar anpumpen!» Sie sprach ständig über Geld. Es war schlimmer, als Erbsen mit dem Messer zu essen. Er sprang ins Bassin, schwamm von einem Ende zum andern und machte, daß er wegkam.

Der nächste Swimmingpool auf seiner Liste, der vorvorletzte, gehörte seiner ehemaligen Geliebten, Shirley Adams. Wenn ihm bei den Biswangers irgendeine Kränkung widerfahren war – hier würde er davon geheilt werden. Die Liebe – in diesem Fall eher ein sexuelles Gerangel – war das entscheidende Elixier, der Sorgenbrecher, die bunte Pille, die seinem Schritt die frühlingshafte Beschwingtheit, seinem Herzen die Lebensfreude wiedergeben würde. Sie hatten noch vor einer Woche, einem Monat, einem Jahr eine Liebesaffäre gehabt. Er konnte sich nicht mehr genau erinnern, wann. Jedenfalls hatte er selbst Schluß gemacht, er hatte die Oberhand, und er schritt durch das Tor in der Mauer, die ihren Swimmingpool umgab, mit absolutem Selbstvertrauen. Irgendwie schien der Pool ihm zu gehören, da ja der Liebhaber, insbesondere der heimliche Liebhaber, über den Besitz seiner Geliebten mit einer Autorität verfügt, die dem heiligen Ehestand fremd ist. Sie war da mit ihrem messingfarbenen Haar, aber ihre Gestalt am Rande des erleuchteten, himmelblauen Wassers ließ keine tieferen Erinnerungen in ihm wach werden. Es war doch, dachte er, eine recht oberflächliche Affäre gewesen, obwohl sie geweint hatte, als er mit ihr brach. Sie schien bestürzt, ihn hier zu sehen, und er fragte sich, ob sie womöglich noch immer gekränkt war. Gott bewahre, wollte sie etwa wieder anfangen zu weinen?

«Was willst du?» fragte sie.

«Ich schwimme durch den Bezirk.»

«Lieber Gott. Willst du denn nie erwachsen werden?»

«Was ist denn?»

«Wenn du wegen Geld kommst», sagte sie, «ich geb dir keinen Cent mehr.»

«Du könntest mir einen Drink geben.»

«Ich könnte, aber ich will nicht. Ich bin nicht allein.»

«Schön, ich muß weiter.»

Er sprang in den Pool und schwamm hindurch, aber als er versuchte, sich am Beckenrand hochzuziehen, merkte er, daß er in den Armen und Schultern keine Kraft mehr hatte, und er paddelte zur Leiter und kletterte hinaus. Als er über die Schulter einen Blick zurückwarf, sah er in dem erleuchteten Umkleidehäuschen einen jungen Mann. Er ging über den dunklen Rasen, und mit der Nachtluft schlug ihm irgendein hartnäckiger herbstlicher Geruch wie von Chrysanthemen oder Ringelblumen entgegen, stark wie Gas. Als er aufblickte, sah er, daß schon die Sterne am Himmel standen, aber warum kam es ihm so vor, als sähe er Andromeda, Kepheus und Kassiopeia? Was war aus den sommerlichen Sternbildern geworden? Er fing an zu weinen.

Es war wahrscheinlich das erste Mal in seinem Leben, seit er erwachsen war, daß er weinte, und ganz gewiß das erste Mal überhaupt, daß er sich so elend, kalt, müde und benommen fühlte. Er konnte weder die Unverschämtheit des Barkeepers noch die abweisende Kälte einer Geliebten begreifen, die vor ihm auf den Knien gelegen und seine Hose mit Tränen genetzt hatte. Er war zu lange geschwommen, er war zu lange im Wasser gewesen, und Hals und Nase taten ihm weh. Er brauchte unbedingt einen Drink, etwas Gesellschaft und ein paar saubere, trockene Sachen, aber obwohl er auch direkt über die Straße zu seinem Haus gelangen konnte, ging er doch noch weiter zum Swimmingpool der Gilmartins. Hier machte er zum erstenmal in seinem Leben keinen Kopfsprung, sondern ging die Stufen hinunter in das eisige Wasser und schwamm mit schlingernden seitlichen Stößen, die aussahen, als hätte er sie als Junge gelernt. Auf dem Weg zu den Clydes taumelte er vor Müdigkeit. Er paddelte von einem Ende ihres Pools zum andern und hielt immer wieder an, um mit der Hand auf dem Beckenrand zu verschnaufen. Er kletterte die Leiter hinauf und fragte sich, ob er noch die Kraft hatte, nach Hause zu gelangen. Er hatte sein Vorhaben in die Tat umgesetzt, er hatte den Bezirk durchschwommen, aber die Erschöpfung hatte ihn so abgestumpft, daß er nur ein flüchtiges Triumphgefühl empfand. Gebückt und an den Torpfosten Halt suchend, bog er in die Einfahrt seines eigenen Hauses ein.

Alles war dunkel. War es schon so spät, daß sie alle zu Bett gegangen waren? War Lucinda bei den Westerhazys zum Abendessen geblieben? Hatten sich die Mädchen dort mit ihr getroffen, oder waren sie noch woandershin gefahren? Hatten sie denn nicht wie sonst am Sonntag verabredet, alle Einladungen abzulehnen und zu Hause zu bleiben? Er versuchte, die Garagentüren zu öffnen, um zu sehen, welche Wagen drinnen standen, aber sie waren verschlossen, und von den Türgriffen blieb Rost an seinen Händen haften. Als er auf das Haus zuging, sah er, daß der heftige Gewittersturm eine der Regenrinnen losgerissen hatte. Sie hing wie eine abgebrochene Schirmstange über der Haustür, aber man konnte sie ja morgen früh wieder festmachen. Das Haus war verschlossen, und er dachte, daß die blöde Köchin oder das blöde Mädchen alles abgeschlossen haben mußte, bis ihm einfiel, daß sie schon seit einiger Zeit kein Mädchen und keine Köchin mehr hatten. Er schrie, er hämmerte auf die Tür ein, er versuchte sie mit der Schulter einzudrücken, und dann, als er durch die Fenster hineinblickte, sah er auf einmal, daß das Haus leer war.

Ingo Schulze

Big Mac und Big Bang

Wie Dieter Schubert und Peter Bertram über zwei Frauen reden. Karpfenjagd – ein neuer Sport. Schwierigkeiten mit dem Objekt des Erfolgs und seiner Dokumentation. Stiche in der Herzgegend. Nebel und Morgensonne.

«Big Mac!» schrie Bertram, preßte den riesigen Karpfen an sich, stieg, bei jedem Schritt neuen Halt suchend, die Uferböschung hinauf und blieb erst stehen, als ihn das Blitzlicht traf. «Gigantisch!» rief er, schob den Fisch höher und faßte schnell nach.

«So was!» rief Schubert. «Blockiert, irgendwas blockiert!» Die Hinterflosse schlug hin und her. «Zerquetsch ihn nicht, Großer Karpfenmann!» Es blitzte wieder. Bertrams Finger drückten sich in den Fischleib. Schubert kam ihm entgegen, deutete aber nach ein paar Schritten hinter sich über die Schulter. «Die Waage …», rief er und machte kehrt.

Vor dem Zelt setzte sich Bertram im Schneidersitz ins Gras. Mit der Linken hielt er den Spiegelkarpfen unter der Vorderflosse, mit der Rechten da, wo der weißliche Hängebauch aufhörte und der Schwanz begann. Die unterste Flosse schlug gegen Bertrams verschmierte Schuhspitzen.

«Achtung!» sagte Schubert und ging in die Hocke.

Bertram lächelte. «Diesmal aber, Dieter!» Er ballte eine Faust. «Das sind fünfzig, jede Wette!» Sein Kinn berührte die Rückenflosse.

«Bleib!» sagte Schubert. «Guut», sagte er, «sehr gut.»

Bertram, den Fisch an der Brust, rutschte auf den Knien vorwärts und legte ihn vorsichtig auf die umgebaute Personenwaage.

«Einundfünfzig vier!» rief er. «Mensch, halt still, Kerl, einundfünfzig fünf!»

«Mein Gott», sagte Schubert.

Bertram faßte den sich windenden Karpfen unterm Maul. «Die Waage ist einfach zu klein für solche Kaventsmänner! Einundfünfzig sechs, einundfünfzig Komma sechs!»

«Mein lieber Scholli», sagte Schubert, beugte sich tiefer, bis Anzeige und Fisch den Bildausschnitt füllten, und ließ es blitzen.

«Dem haben unsre Boilies geschmeckt», sagte Bertram und breitete das Maßband zwischen den Armen aus. «Besser als Smarties. Vierundneunzig. Hast du?»

«Sekunde», sagte Schubert. Sie mußten warten, bis sich das Blitzlicht wieder aufgeladen hatte. Aus einer großen Fantaflasche goß er Wasser über den Fisch.

Bertram hielt das Maßband an die Rückenflosse und spannte es über den Bauch. «Achtundvierzig.»

«Glänzt wie Insektenflügel», sagte Schubert. Er brachte den Apparat ins Zelt und kam mit einer Tube zurück.

«Big Mac», flüsterte er und tätschelte ihn. «So ein Wanst und kaum Schuppen. Daß der sich überhaupt noch rühren kann.» Vorsichtig fuhr er ihm ins Maul und verstrich «Klinik»-Wundsalbe über der Stelle, wo der Karbonhaken gesessen hatte. «Heile, heile Katzenschwanz», sang Schubert. «Wir sollten noch ein

Foto machen, das hat er verdient.» Er wischte seine Hand im Gras ab.

Bertram leerte die Fantaflasche über den Kiemen. «Laß mich mal.» Er hob den Karpfen auf und stieg die Böschung hinab. Am Kanal ging er noch ein Stück abwärts, watete ins Wasser und ließ den Karpfen frei.

«Ahoi, Big Mac!» rief Schubert von oben und tutete wie die Bläser von «Yellow Submarine». «Siehst du ihn?»

Bertram, die Hände ins Kreuz gestützt, sah über die glatte braune Wasseroberfläche und in den Nebel. Dann inspizierte er die anderen Angeln. Schubert lief parallel zu ihm auf der Böschung, machte ein paar Kniebeugen, ließ die Arme kreisen und startete danach einen langsamen Dauerlauf zum nächsten Strommast. Etwa auf halber Strecke kehrte er wieder um.

«Na, Großer Karpfenmann», keuchte er, «wie fühlt man sich?» Seine Unterlippe glänzte.

Bertram ging zum Zelt und trank aus einer Feldflasche. Er hielt sie Schubert hin. Der schüttelte den Kopf und begann mit Rumpfkreisen.

«Beim nächsten bist du dran», sagte Bertram und zog sich aus. «Dann kannst du dir deine Gymnastikfaxen sparen. Du bist ja völlig aus dem Häuschen, Dieter – neue Laufschuhe und Jogginganzug …» In Badelatschen und Unterhose schlappte er zu der Leine, die sie zwischen Zelt und Strommast gespannt hatten, warf Hemd, Socken und Khakihose darüber. Die nassen Schuhe stellte er an den Eingang und durchsuchte dann seinen Rucksack.

Schubert schüttelte Arme und Beine aus. «Von wegen drei Tage anfüttern», sagte er. «Am zweiten denken die schon nichts Böses mehr.»

Bertram zog einen Pullover über und balancierte, frische Socken in den Händen, auf einem Bein.

«He, Großer Karpfenmann! Wie spät ists denn?» fragte Schubert und begann mit Atemübungen.

Bertram trat mit dem nackten Fuß ins Gras, wischte die Zehen am anderen Bein ab und streifte eine Socke über. Dann schlüpfte er ins Zelt. «Du hättest zu deiner Manka fahren sollen, aber nicht hierher!» rief er von drinnen.

«Was ist denn los? Ich bin putzmunter», sagte Schubert und schlug den Zelteingang zurück. «Hast du Hunger, Peter?»

«Ich denke, du hast 'ne ganze Packung gekauft», sagte Bertram. «Du wolltest 'ne Pakkung Filme kaufen.»

«Hab ich doch.» Schubert kroch auf seine Matte.

«Das war fast 'ne Stunde. Fast 'ne Stunde hab ich mit dem gekämpft ohne ein einziges Foto, nur weil du hier pennst.»

«Hättest was sagen müssen.» Schubert ordnete seinen Schlafsack. «Bin ja kein Sportreporter.»

«Dich interessiert nur noch deine ... Das hier interessiert dich gar nicht mehr. Nicht so viel.» Zwischen Daumen und Zeigefinger blieb ein knapper Zentimeter.

«Doch», sagte Schubert.

«Red nicht. Du hast nur noch dieses Weib im Kopf und deinen Jagdschein als politisch Verfolgter. Ist so.»

«Wenn ich nicht wollte, wär ich ja nicht hier. Aber wie du ausgesehen hast ...», Schubert lachte, «wie du geglotzt hast, als die Bißanzeige piepte.» Er zog den Reißverschluß hoch. «Du hast Alaaarm gebrüllt, richtig laut!»

«Wie an der Grenze», sagte Bertram.

«Hat's da auch gepiept?»

Bertram schniefte und verschränkte die Arme unterm Kopf. «Da hatten wir alles, Hasen, Füchse, Rehe, Hirsche, Wildschweine, Dachse – alles.»

«Und ich hatte das hier», sagte Schubert und tippte auf sein Glasauge.

«Mich wundert nur, daß die Viecher das nicht kapiert haben. Die sahen doch, was passierte, wies die andern zerriß. Wittern doch sonst alles, sogar Erdbeben.»

«Haben sie dich deshalb entlassen?»

«Was?»

«Du warst doch irgendwas Hohes?»

«Wenn die einen holten, gab's jedesmal 'nen Stern drauf, na und? Kann ich was dafür? Die andern warn bei der Kampfgruppe.»

«Weshalb dann?»

«Ich denke, wir angeln hier, Zeus.»

Schubert lachte und tippte noch mal auf das

Glasauge. «Dem letzten, der mich Zeus genannt hat, ist das nicht bekommen.» Er stieß mit der Hand gegen das Zeltdach. Es tröpfelte. «Ganz und gar nicht.»

«Du bist kindisch.» Bertram griff nach Schuberts Hand.

«Ja», sagte Schubert, «alt und kindisch.»

«Und sentimental.»

«Was du willst. In meinen Akten stehst du jedenfalls nicht. Du solltest dich überhaupt mehr freuen, wenigstens beim Angeln.»

Bertram ließ Schuberts Hand los. «Eine Nutte», sagte er, «die dich abzockt. Das macht dich glücklich, ja?»

«Sie ist …»

«Eine … ein Hürchen, noch jünger als eure Conni.»

Schubert stieß wieder gegen das Dach.

«Zeus», sagte Bertram und drehte sich um. Er zog am Schlafsack, bis sein Rücken bedeckt war. «Wundert sich Marianne nicht, daß du sooft nach Berlin kommst –?» Bertram fuhr auf. «Da war nichts», sagte Schubert nach einer Weile. Er summte wieder ein paar Takte von

«Yellow Submarine». Von der anderen Uferseite hörte man Autohupen. «Komm, Peter», sagte er. «Wir kennen uns doch.» Er strich sich das Haar zurück. «Vielleicht ist das alles gar nicht so schlecht für uns.»

Bertram lachte hell. «Du hast sie nicht mehr alle!»

«Du redest», sagte Schubert, «als wärst du ein alter Mann. Statt dir eine zu suchen, schwitzt du solchen Schweinekram aus, den keiner drucken will.»

«Ach, jetzt ist das plötzlich Schweinekram?»

«Ich meine, du solltest dir einfach eine Frau suchen.»

«Jetzt ist das Schweinekram?»

«Mensch, Peter. Bleib friedlich ...»

«Ich frag doch nur, ob das, was ich schreibe, jetzt plötzlich Schweinekram sein soll. Ich erinnere mich da an ganz andere Sachen, an wahre Begeisterung, oder nicht?»

«Du mußt doch zugeben, daß das ...»

«Na?»

«Nicht ganz normal ist.»

«Nicht ganz normal?» Bertram stützte sich

im Liegen auf seinen Ellbogen. «Und warum wolltest du mir dann meinen Schweinekram abkaufen? Warum hast du dir Kopien gemacht? Warum hast du gesagt, daß du beim Lesen einen Steifen kriegst. Geht's sonst nicht mehr?»

«Quatsch», sagte Schubert.

«Vielleicht ist es Zeus, der hier nicht mehr ganz normal ist? Warum bezahlst du denn dein Hürchen, wenn sie's angeblich gar nicht verlangt?»

«Das ist's mir wert», sagte Schubert.

«Soll ich dir sagen, warum's dir was wert ist, warum du sie bezahlen mußt?»

«Ich will klare Verhältnisse, nichts weiter. Sie dort, ich hier, und dann treffen wir uns. Sie kriegt ihr Geld, und dann trennen wir uns.»

«Deine Phantasie möcht ich haben», sagte Bertram. «Erstens will die Kleine was verdienen, zweitens verlangst du was von ihr, ein paar Delikatessen, so, wie ich dich kenne, oder etwa nicht, Zeus?»

Der Wind drückte gegen das Zeltdach. Bertram hob wieder den Kopf.

«Was du immer denkst, Peter», sagte Schubert.

«Was soll ich denn sonst von dir denken, von einem, der Schweinekram liest?»

«Mensch, Peter!»

Im nächsten Moment fuhren beide hoch. «Los!» schrie Bertram. Die Bißanzeige der äußeren Angel piepte.

Wenig später folgte Schubert dem Fisch schon flußabwärts Richtung Kraftwerk.

«Laß Leine, der zieht ab! He, he hee!» rief Bertram und klatschte. Er hörte die Schnur von der Rolle surren. Bis auf das Knistern in der Stromleitung und die Geräusche einzelner Autos auf der anderen Uferseite war es still. Als er sich umdrehte, lief Schubert bereits auf ihn zu.

«Was ist denn los? Ich renn bis zum Kraftwerk ... Mensch, Dieter», rief Bertram, «ich will Strudel sehen, große Strudel! 'nen ordentlichen Drill!»

Im selben Moment zuckte die Kohlefaserrute, als wäre sie lebendig geworden. Schubert streckte beide Arme vor, und die Schnur surrte wieder aus.

«Ein ganz Ausgebuffter!»

Bertram holte den Kescher. Schubert hockte mit ausgestreckten Armen am Ufer, die Spitze der Angelrute fast im Wasser. Er holte Schnur ein.

«Das kann nicht sein! So leicht kommt keiner. Oder is er weg?» Schubert kam aus der Hocke und ließ sich weiter flußabwärts ziehen. Es war nicht mehr so kalt. Langsam wurde das andere Ufer sichtbar, die Leitplanken und die Scheinwerfer der Autos.

Plötzlich straffte sich die Schnur, die Rutenspitze dippte ins Wasser. Schubert preßte die Lippen zusammen. An Stirn und Schläfen traten Adern hervor, auch die Sehnen unterm Kinn.

«Das is doch was!» rief Bertram. «Das isses, Fight muß sein! Du mußt ihn taufen!»

Schubert atmete schwer und krümmte sich vor Anstrengung.

«Das ist das Schönste, ihn zu spüren, die Kraft, Dieter! Wie nennst du ihn?»

«Big Ben», preßte Schubert hervor und versuchte, in kleinen Schritten vom Ufer wegzukommen. Der Karpfen schoß hin und her, aber Schubert drillte ihn, und das Federn der Rute gab dem heftigen Zerren nach.

«Big Ben gibt's schon. Nenn ihn Big Bang», rief Bertram, ohne die Augen vom Wasser zu lassen. «Big Bang is doch gut, oder nicht? Also Big Bang.»

Der Karpfen erschien an der Oberfläche. «Hei!» rief Schubert.

«Mensch, Dieter!» schrie Bertram. «Fertig zur Landung. Mach dich fertig!»

Es schien, als hätte der Fisch seinen Widerstand aufgegeben. Kleine Wellen schwappten ans Ufer.

Schubert schleppte den Karpfen hinauf. Er versuchte, sich mit dem Unterarm eine Haarsträhne von der feuchten Stirn zu wischen, kam dabei aber mit der Nase an den Fisch. «Bäh», sagte er. Es blitzte.

«Was denn?» fragte Bertram, «was machst du denn für ein Gesicht?»

Schubert gab keine Antwort. Der Karpfen fiel klatschend auf die Waage. «Einundfünfzig Komma fünf, Komma sechs», sagte Schubert und trat zur Seite, um Bertram Platz zu machen. Er beobachtete, wie der sich über die Anzeige beugte, den Fisch ein Stück anhob, darunter sah und ihn wieder hinlegte.

«Einundfünfzig Komma fünf», sagte Bertram. «Das gibt's doch nicht. Einundfünfzig Komma sechs.»

Sie standen nebeneinander und sahen auf den Karpfen. Bertram machte einen Schritt vor: «Einundfünfzig Komma fünf. So blöd kann der Kerl doch nicht sein. Das gibt's ja gar nicht, Big Mac!»

«Irgendwie is mir beschissen», sagte Schubert. «Der stinkt so.»

«Quatsch doch nicht», sagte Bertram. «Komm, bring's hinter dich.» Er breitete das Bandmaß über dem Fisch aus. «Vierundneunzig. Kannst du nicht wenigstens mal fotografieren? Achtundvierzig. Was ist denn bloß los?» Bertram nahm die Wundsalbe. «Wir haben das Wasser vergessen.» Er zeigte auf die Kiemen. Dann fuhr er mit dem Finger ins Karpfenmaul.

Schubert massierte sein Herz. In der linken Hand hielt er den Fotoapparat.

«Das glaubt dir keiner, Dieter, wirklich. Wer das Foto sieht, wird denken, du hast ihn dir ausgeborgt, von mir ausgeborgt.»

«Oder umgekehrt.»

«Wieso?»

«Der Apparat hat ja nicht mal 'ne Datumsanzeige.» Schubert verzog das Gesicht und wandte sich ab. «So 'ne Scheiße», preßte er hervor.

«Du meinst …»

Schubert kauerte nieder.

«Was denn? Wasn los, Dieter? Is dir schlecht?»

Schubert streckte sich im Gras aus. «Ich muß mich mal langmachen», sagte er und drehte sich auf den Rücken. «Das sticht so.»

«Was?» Bertram zog den Karpfen zur Seite. «Was denn?»

«Wird gleich», sagte Schubert. Er biß sich auf die Unterlippe. Seine Hand fuhr unter dem Hemd hin und her. «Schaff ihn weg, Peter, bitte. Der stinkt so.»

Bertram lief mit dem Fisch die Böschung hinab. Ein paarmal stolperte er, fing sich aber immer wieder.

Bis zu den Knien im Wasser, ließ er den Karpfen fallen, der vor ihm auf den Grund sank. Bertram stieß ihn mit den Zehen an. Er beugte sich vor, richtete sich aber gleich wieder auf. «Dieter!» schrie Bertram. Er sah nur das Zelt mit der gespannten Leine und seinen nassen Sachen. «Zeus!»

Flußabwärts kam die Sonne durch den Nebel. Die Farben der Autos am anderen Ufer ließen sich jetzt unterscheiden.

«He! Bergsteiger!» rief Bertram. «Bergsteiger!» Plötzlich bückte er sich und schob den Karpfen mit beiden Händen wie ein kleines Boot vorwärts. Schlick und Steine an den Füßen, spürte er das Wasser um seine Hüften wie einen Griff und schrie laut auf.

Die Strömung erfaßte den Fisch. Bertram machte kehrt und strebte mit ausgebreiteten Armen zum Ufer. Als er die letzten Meter an Land watete und sich umdrehte, glaubte er, den weißen Karpfenbauch noch einmal zwischen den Lichtreflexen der Morgensonne zu sehen.

Bertram rieb die Hände am Pullover trocken, schlurfte über die Kieselsteine zu den Angeln –

seine Badeschuhe quatschten leise – und von da die Böschung hinauf.

Lange kniete er neben Schubert im Gras. Es gelang ihm schließlich, dessen Kopf auf seinem Schoß zu betten, ihm das Auge und den Mund zu schließen. Auf der Unterlippe waren die Eindrücke der oberen Zahnreihe sichtbar.

«Mensch, Zeus!» sagte Bertram. Mit einer Hand streichelte er ihm immer wieder Stirn und Wange, mit der anderen bedeckte er das Glasauge.

Margriet de Moor

Die blaurote Luftmatratze

Eine Sommeridylle

Natürlich wußten wir, warum unsere Stiefschwester weinte. Nadine weinte um Mijnheer Martien. Jemand hatte uns erzählt, daß Mijnheer Martiens kalter, triefender Körper am Abend zuvor bei Ebbe am Strand gefunden worden war, dem Anschein nach von einer starken Strömung mitgerissen und weit jenseits der zweiten Sandbank ertrunken. Die blaurote Luftmatratze, auf der er getrieben hatte, war erst am heutigen Morgen angespült worden. Schlaff, fast ganz leer. Ein Junge hatte sie zusammengerollt, war damit zu unserem Haus gegangen und hatte sie mit ehrfürchtiger Miene Nadine überreicht.

Es war ein warmer Julitag. Vom Balkon des Zimmers aus, in dem wir auch in diesen Sommerferien wieder schliefen, sahen wir Nadine hinten im Garten, mit dem Rücken zum Haus, zwischen den Beerensträuchern stehen. Plötzlich fuhr sie sich wild übers Gesicht und sackte in die Hocke. Sie streckte die Arme und begann zu pflücken. Sonnenlicht fiel auf ihr kastanienbraunes Haar, das sie zu einem Knoten geschlungen trug. Immer wieder kamen ihre Arme weiß, fleischig und geschickt, wie Tiere, unter dem Blattwerk zum Vorschein, um die Beeren in den Korb neben ihrem sich bauschenden Rock zu werfen. Kummer, das sahen wir. Kummer. Schmerz. Schicksalsschlag. Und über ihrem Kopf tanzte die Sommerluft nicht länger, flimmerte nicht länger in durchsichtigen Arabesken, sondern fiel herab, wie angegriffener Firnis, und enthüllte uns dabei einen stumpfen Untergrund. Ach, welche Entzauberung! Welche Armut! Niemals würde sie ihn wiedersehen!

Inzwischen waren unsere Brüder aus dem Haus getreten. Noch in Arbeitszeug, standen sie auf der Terrasse, und allein schon ihre Schultern und muskulösen Nacken verrieten, daß sie Nadines Beerenpflücken, dort, ganz allein in der Wärme, als ebenso tragisch empfanden wie wir. Sie gingen über den Rasen und bahnten sich einen Weg durch die Brennesseln, Hippolyte vorneweg, Tony mit seinem goldenen Ring im Ohr, mit den Tätowierungen auf den Armen, hinterher.

«Du kommst ja gar nicht voran, Nadine!» rief Tony, schon von weitem die Stille durchbrechend.

Sie hatten sich noch nicht neben unserer Stiefschwester hingekniet, jeder auf einer Seite, mit Gesichtern, schlaff vor guten Absichten, da begann der ganze Strauch schon zu rascheln und sich zu bewegen. «Sind das Beeren!» schrie Hippolyte. «Verdammt, sind das Massen!» Und wir wußten, daß sich der Heizölgeruch unserer Brüder mit der Ausdünstung von Blumen und Früchten, von tief in den Ärmeln verborgenen Frauenachseln und einem Deodorant Marke *Maja* restlos vermischte. Der Strauch war im Nu leer, der Korb bis zum Rand voll. Alle drei sanken auf die Fersen. Unsere Brüder sahen sich unruhig an, feixten ein bißchen und seufzten. Als Nadine die Hände vors

Gesicht schlug, fing Tony von Mijnheer Martien an.

«Lieber Gott, die Besten gehen immer als erste! Die Besten, die Nettesten, die Freigebigsten! Perlen vor die Säue! Ich übertreibe wirklich nicht, wenn ich ihn als großherzig bezeichne. Hat er sich nicht seelenruhig ausnutzen lassen, da, in der Geselligkeit seines Ladens, von Schülern, Hausfrauen, dem erstbesten Mütterchen, das Flaschen zurückbringen will, in Wirklichkeit jedoch kommt, um ein Päckchen Tee mitgehen zu lassen? Wenn ihm das keine schlaflosen Nächte bereitet hat – und wer kannte ihn besser als du, Nadine –, so nur deswegen, weil er bei vollem Verstand gutgläubig war, total unverantwortlich, stimmt's oder stimmt's nicht? Und trotzdem: ahahaha! lief sein Laden erstaunlich gut, meine Liebe!»

Tony schwieg, wie wir glaubten, überwältigt von seinen Worten. Wir fanden, daß er übertrieb. Mijnheer Martien war ein Mann mit Bakkenbart und Goldbrille, der freundlich an seiner Kasse saß. Als wir eines Nachmittags die Ladentür aufstießen, sahen wir, daß ein Hund, ein reinrassiger Afghane, zwischen den Regalen herumlief. Das Tier, das mit seiner glänzenden Schnauze die Besen und Spülbürsten beschnüffelte, als wüßte es genau, daß sich dahinter etwas verbarg, war «ihm zugelaufen», wie Mijnheer Martien uns erzählte. Wir durften den Streuner für ein Stündchen in die Dünen mitnehmen, und als wir verdutzt und völlig atemlos zurückkamen, lange nach Ladenschluß, sagte Mijnheer Martien: «Was? Jetzt schon zurück? Habt ihr schon Eis gegessen?» Und er stand auf, um Eislutscher zu holen und danach eine blaue Emailschüssel mit Wasser auf die Fliesen zu stellen, direkt unter die Hundeschnauze. Für einen Moment flimmerte Mijnheer Martiens ganze Welt vor unseren Augen, blau, schimmernd, eiskalt. «Schmeckt's?» fragte er beim Aufschauen.

«Armer, armer Martien ...! Armer Kaufmann ...!» tönte es aus dem Garten.

Wieder Tony, Tony mit seiner in Fahrt gekommenen Stimme. So lässig er auch für gewöhnlich mit Worten umging, so lässig unsere beiden Brüder für gewöhnlich damit umgingen, konnte Tony doch plötzlich platzen und mit immer größerem Tempo und Druck seinen Leidenschaften, seinem maßlosen Überschwang Luft machen.

«Leider konnte er schlecht schwimmen!»

Wir sahen, daß Nadine und Hippolyte sich kaum mehr rührten. Mit hängenden Schultern, die Hände auf die Knie gestützt, hockten sie zwischen den Sträuchern.

«… Und leider ist es auf einer Luftmatratze irrsinnig gefährlich in der Strömung, dort, an den Wellenbrechern, am scharfen Basalt, wenn sich das Wasser nach der Flut zurückzieht, dunkel, saugend, immer schneller, und sich nur allzuoft auf einen tosenden Strudel, eine Spirale zu bewegt, eine Mechanik, die sich unwiderruflich in den Meeresgrund bohrt …!»

Nadine zuckte mit den Achseln. Ganz im Bann der schrecklichen Anekdote lösten wir unseren Blick von ihr und schauten in den Garten, wo die Sonne lange Schatten warf und eine graue Katze zwischen den Dahlien rumschlich.

Hippolyte sprang auf.

«So! Die Sache wäre erledigt, allerbestens!

Und jetzt, Nadine, kochen! Ja, los, an die Arbeit! Kartoffeln und Fleisch, trotz … trotz … Darf ich mal?» Und er bückte sich und zog sie behutsam, wenn auch mit einiger Mühe, an den Ellbogen hoch.

Bei Tisch war es nicht gemütlich, kein Anlaß, auch nur eine Sekunde zu lachen. Unsere Stiefschwester setzte uns ein Gericht vor, das wir noch nie gegessen hatten, einen Eintopf, der so süß und köstlich war, daß unsere Brüder in Schweigen verfielen und wir beide sogar zu denken aufhörten. Nadine aß keinen Bissen. Sie stiefelte zwischen dem Mobiliar des Vorderzimmers hin und her, blieb immer wieder stehen, lächelte wie eine Närrin, bis Hippolyte die Störung ihrer Gemütsruhe einfach nicht mehr mit ansehen konnte und seinen Stuhl umwarf, um ihre Lieblingsplatte aufzulegen. «Wien, Wien, nur du allein, sollst stets die Stadt meiner Träume sein …» Sie stürzte aus dem Zimmer.

Gleich nach dem Abwaschen küßten wir unsere Brüder.

«Wir gehen ins Bett», sagten wir.

Sie protestierten nicht mal, sondern fuhren, ohne aufzusehen, fort, die altgediente Küchenmaschine, die mahlen, hacken, schneiden, mischen, kneten konnte, auseinanderzunehmen und einzufetten. Wir atmeten auf, als wir die Tür unseres Schlafzimmers hinter uns zuzogen.

Es war ein herrlicher Abend mit roten Streifen am Himmel. Von jenseits des Gartenzauns klangen die Stimmen und das Motorgedröhn der Dorfbevölkerung zu uns herauf, die zum Meer zog, um vor dem Dunkelwerden noch eine Stunde zu schwimmen. Wir ließen uns auf unser Bett fallen. Zwischen den Kissen lag, an der Stelle aufgeschlagen, an der wir stehengeblieben waren, *Pim Pandur, der Schrecken des Imbosch.* Uns fiel gerade noch rechtzeitig ein, die Fliegengittertüren zum Balkon zu schließen, und dann tauchten wir augenblicklich, lang ausgestreckt, seufzend und uns an den Fußknöcheln kratzend, in die Nebel der Veluwe bei Nacht und Wind ein, wo eine ganz in Schwarz gekleidete Gestalt, geschmeidig wie eine Katze … Die Mücken tickten an das Fliegengitter. Die

Dorfbewohner kehrten in ihre Häuser zurück. Stille. Bei Anbruch der Nacht, gerade als wir uns die Augen gerieben hatten und die Möbel ihre Formen wieder annahmen, hörten wir, daß unsere Brüder ihr Zimmer verließen.

Eine Tür knarrte, an der Schwelle polterte es, etwas fiel, wir hörten das rasend schnelle Flüstern von Tony und Hippolyte, der, ohne die Stimme zu dämpfen, «Tinnef!» und «Scheiße!» sagte. Dann lauschten wir, wie sooft in diesem Sommer, ihrem Gekicher auf der Treppe und folgten ihren Schritten durch die Dunkelheit des Flurs zum Hauswirtschaftsraum, wo sie in der Bastelecke ihr Werkzeug aufbewahrten. Nur wenn man es wußte, konnte man kurz darauf das Klicken der Außentür hören.

Nun gab es drei Möglichkeiten. Entweder nahmen sie den Buick und fuhren ans Meer, um dort, auf der Kippe zwischen Ebbe und Flut, ein durchsichtiges Netz durch die Brandung zu ziehen, was zur Folge hätte, daß wir sie morgen mittag mit schmalen Messern neben einem Eimer voll Blut und Schleim antreffen würden.

Eine Woche lang würde es Rotzunge geben. Oder sie holten ihren Volkswagen, ein irrsinnig schnelles Ding und so wendig wie sonst was, um mit voll aufgeblendeten Scheinwerfern über Prinz Bernhards tipptopp gepflegte Golfplätze zu rasen, wobei Tony, aus dem rechten Fenster hängend, am Visier seines Jagdgewehrs drehte. Dann würde uns morgen der schwere, fette Geruch von Haut, von Gekröse, von durchtrennten Sehnen in die Nase steigen, ein Geruch, der sich so gar nicht mehr mit den Sprüngen und Haken des Kaninchens in Verbindung bringen ließe, das dort, wie ein Lumpen, an einem der Wäschepfähle hing. Hippolyte war voll konzentriert und verstand seine Sache. Im Nu würde er das feurigrote Ding auf die schöne Schale zu den vier oder fünf anderen gelegt haben.

Die dritte Möglichkeit war einigermaßen dunkel. Um herauszubekommen, was sie an den Hintertüren oder auf den mit Wein bewachsenen Balkonen der Villen in «De Zuid» eigentlich genau trieben, wo sich die inmitten ihrer Besitztümer schlafenden Bewohner durch

Scheinwerfer am Giebel, empfindliche Vorrichtungen an Fenstern und Türen und ein paar Hunde in der Diele geschützt wußten, um darüber alle Einzelheiten in Erfahrung zu bringen, würden wir morgen die Abendzeitung bei den Regionalnachrichten auf Seite fünf aufschlagen müssen. *Drei Tote durch Mord und Brand. Landstreicher ärgert Kaplan mit Kerzenmeer. Leiterdiebe auf frischer Tat ertappt. Raser entwischt. Geschirrschrank entwendet.* Meist gelang es uns, die Meldung, die uns etwas anging, zu entdecken.

Nach dem üblichen Getrödel im Bad gingen wir wieder zu Bett, löschten das Licht und beschlossen zu schlafen. «Gute Nacht!» – «Gute Nacht!» – «Gute Nacht.» – «Gute Nacht ...» Die Schläfrigere verlor. Wir wurden still. Die Welt drehte sich bereits.

Da hörten wir von oben einen lauten Seufzer.

«Was ist das?»

Wir schossen hoch und sahen in die Dunkelheit.

Ein Schluchzer, ein trauriger Aufschrei hatte uns im ersten Schlaf gestört. Das Echo hing noch im Raum. Kompakte, regelmäßige

Schwingungen veranlaßten uns dazu, uns umzusehen und zu lauschen. Doch das Geräusch wiederholte sich nicht. Im Gegenteil. Eine allesbeherrschende Stille ergriff Besitz vom Haus. Wir wünschten, ein Auto führe vorbei, ein frischer Wind käme auf. Wir ließen uns in die Kissen sinken und schauten wach und traurig zur Decke hinauf.

Sie vermißte ihn. Sie war einsam. Unsere Stiefschwester lag im Bett und wälzte sich hin und her. Diesen ganzen Sommer lang hatte Nadine zweimal in der Woche ihr Kleid gebügelt und war gegen Abend ins Dorf gegangen. Wenn sie dann im Mondlicht zurückkam, zusammen mit Mijnheer Martien, schaute sie glatt durch uns hindurch, so beschäftigt war sie mit dem Genever, den Spielkarten und dem Heranschieben der Stühle unter die Lampe im Wintergarten. Dann, so wußten wir, folgte die Stunde der flinken Handbewegungen. Sie saßen sich an dem kleinen Tisch neben der Tür breit gegenüber, mischten, gaben mit sehnsüchtigen Blicken und knallten, als gälte ihre Aufmerksamkeit nichts anderem, unter dem triumphierenden Ausruf: «Du bist sehr gut!» ihre Karten auf das grüne Tuch. Erst später, wenn wir schon schliefen, ging sie ihm voraus in die kleine Kammer unter dem Dach. Nachthimmel. Ein fiebriger Windstoß durchs offene Fenster. Und die ganze Sache mit der Nacktheit und den Umarmungen, über die uns niemand etwas zu erzählen brauchte.

Den nächsten Tag verbrachten wir am Meer. Wir waren kaum fertig mit Tee und Zwieback, da fing unsere Stiefschwester schon an, eine Keksrolle und zwei Badeanzüge in ein Handtuch zu wickeln.

«Dürfen wir die Luftmatratze von Mijnheer Martien mitnehmen?» fragten wir.

Ohne uns auch nur eine Sekunde lang anzusehen, sagte sie, den Blick starr auf einen bestimmten Punkt über uns gerichtet: «Die müssen wir erst noch flicken.»

Es war noch früh. Der Himmel war kühl und hellblau, aber bereits voller Glanz.

Anfangs waren wir still und lagen ohne großen Elan da, die Wangen auf dem feuchten

Sand. Als die Sonne jedoch höher stieg und um uns herum, zusammen mit der Wärme, die Fröhlichkeit und der Trubel gewaltig zunahmen, gingen wir zuerst schwimmen, beteiligten uns danach an einem Schatzgräberwettkampf, bei dem wir eine Wasserarmbanduhr und dann eine Plastikpuppe zutage förderten, und ließen uns schließlich von einem dicken, roten Mann beschwatzen, uns das Windhundrennen am ruhigen Strand anzuschauen, wenn wir die Ohren spitzten – sagte er –, könnten wir die Musik aus den Lautsprechern bereits hören. So war es. Wir betraten die mit Seilen abgesperrte Fläche, wo uns der Mann, nachdem er uns Eintrittskarten, Eis und Sonnenhüte aus Stroh gekauft hatte, schon sehr bald im Spektakel der Hunde und der flatternden Fahnen verlor. Wir schauten den dahinhetzenden Viechern zu und ergriffen Partei für einen großen Grauen mit grüner Rückendecke. Er siegte tatsächlich.

Als wir am späten Nachmittag nach Hause kamen, waren unsere Brüder und Nadine im Garten beschäftigt. Der Rasen war bedeckt mit blinkendweißer Wäsche, und an drei Leinen bewegten sich die Laken steif im lauen Wind. Tony half unserer Stiefschwester, die Wäsche abzunehmen. Hippolyte hatte die blaurote Luftmatratze ausgerollt, er hatte sie aufgeblasen und sah jetzt nach, wo sich die Löcher befanden. Wir lungerten einen Augenblick auf der Terrasse herum, gähnend und noch ganz träge vom Meer. Dann mußten wir beide an die Zeitung denken, die drinnen zusammengefaltet auf der Türmatte lag.

Dreister Raub, lasen wir, über den kleinen Tisch im Wintergarten gebeugt. *Zwei Männer drangen heute nacht in ein Haus am Koepelweg ein, nachdem sie ein Fenster samt Rahmen aus der Mauer gestemmt hatten. Ein Bewohner, der gegen zehn vor eins nach dem Rechten sehen wollte, wurde nach gezielten Schlägen gezwungen, die Tür seines Tresors zu öffnen. Er wurde auch mit einer Handfeuerwaffe bedroht. Unsanft an einen Eichentisch gefesselt und völlig verstört, mußte er zusehen, wie die Täter nach einem Griff in die Schmuck- und Geldfächer spurlos in der Nacht verschwanden.*

Hungrig und mit dem Gedanken, ob wohl

noch ein paar Flaschen Perl im Kühlschrank lagen, sahen wir auf. Sie waren noch immer nicht fertig. Über dem einen Arm die Kissenbezüge, den anderen nach den Geschirrtüchern auf dem Gras ausgestreckt, ging Tony mit vorsichtigen Schritten umher. Hippolyte saß zusammen mit unserer Stiefschwester neben der Luftmatratze. Ernst blickte er in Nadines verweintes Gesicht, die zurückblickte und nickte. Ja. So wird's gemacht. Erst schneiden wir die Flicken zurecht. Dann schmieren wir Kleber um die Löcher, legen die Flicken darauf und drücken sie mit dem Handballen gut zwei, drei Minuten lang fest an.

Ian McEwan

Erste Liebe, letzte Riten

Wir hoben die dünne Matratze auf und legten sie auf den schweren Eichentisch und liebten uns vor dem großen offenen Fenster – von Sommeranfang bis später, als es keinen Sinn mehr zu haben schien. Uns blies immer ein Lüftchen ins Zimmer und die Gerüche von der Uferstraße, vier Stockwerke tiefer. Ich verfiel gegen meinen Willen in Phantasien, Phantasien, die das Wesen betrafen, und danach, wenn wir beide auf dem großen Tisch lagen, in diesen Zeiten tiefer Stille, hörte ich schwach, wie es rannte und scharrte. Es war neu für mich, all das, und ich machte mir Sorgen, ich versuchte, mit Sissel darüber zu sprechen, um mich zu beruhigen. Sie hatte nichts zu sagen, sie machte keine Abstraktionen oder diskutierte über Situationen, sie lebte in ihnen drin. Wir beobachteten die Möwen, die in unserem Viereck aus

Himmel ihre schnellen Kreise zogen, und wir fragten uns, ob sie uns von dort oben beobachtet hatten, über so etwas unterhielten wir uns: den jeweiligen Augenblick betreffende Hypothesen von gelindem Interesse. Sissel tat das, was ihr gerade beiflog, sie rührte in ihrem Kaffee, gab sich der Liebe hin, hörte ihre Platten, sah aus dem Fenster. Sie sagte nie, ich bin glücklich, oder verwirrt, oder, ich will jetzt mit dir schlafen, oder, ich will jetzt nicht, oder, ich habe den ewigen Krach in meiner Familie satt, ihre Sprache erlaubte es ihr nicht, sich aufzuspalten, und so erlitt ich ganz allein das, was wie Verbrechen aussah, die in meinem Kopf begangen wurden, während wir fickten, und danach lauschte ich ganz allein, wie es in der Stille scharrte. Dann, eines Nachmittags, wachte Sissel aus einem kleinen Dösen auf, hob den Kopf von der Matratze und sagte: «Was ist das für ein Geräusch? Da kratzt doch was hinter der Wand.»

Meine Freunde waren weit weg in London, sie schickten mir zerquälte und nachdenkliche Briefe. Was sollten sie jetzt unternehmen? Wer waren sie, und was hatte das alles für einen Sinn? Sie waren so alt wie ich, siebzehn und achtzehn, aber ich tat, als verstünde ich sie nicht. Ich schickte ihnen Postkarten, sucht euch einen großen Tisch und ein offenes Fenster, teilte ich ihnen mit. Ich war guter Dinge, und es schien so leicht zu sein, ich baute Reusen für Aale, es war so leicht, einen Lebenszweck zu haben. Der Sommer dauerte an, und ich hörte nichts mehr von ihnen. Nur Adrian kam, um uns zu besuchen, er war Sissels Bruder und zehn Jahre alt, und er kam zu uns, um seiner Familie zu entrinnen, die sich in Auflösung befand, den schnell schwankenden Stimmungen seiner Mutter, dem endlosen Um-die-Wette-Klavierspielen seiner Schwestern, den gelegentlichen herben Visiten seines Vaters. Adrian und Sissels Eltern haßten einander nach siebenundzwanzig Jahren Ehe und sechs Kindern mit saurer Resignation, sie ertrugen es nicht mehr, im selben Haus zu leben. Der Vater zog in ein Männerheim, das nur ein paar Straßen entfernt war, um seinen Kindern nah zu sein. Er war ein Geschäftsmann ohne Arbeit, der aussah wie

Gregory Peck, er war ein Optimist und hatte hundert Pläne, wie man auf interessante Weise zu Geld kommt. Wir trafen uns immer in der Kneipe. Er wollte nicht über seine Arbeitslosigkeit oder seine Ehe sprechen, es machte ihm nichts aus, daß ich mit seiner Tochter in einem Zimmer über der Uferstraße wohnte. Statt dessen erzählte er mir von seiner Zeit im Korea-Krieg und als internationaler Handelsvertreter und von den juristischen Betrügereien seiner Freunde, die jetzt ganz oben saßen und in den Adelsstand erhoben waren, und dann eines Tages von den Aalen in der Ouse, wie dieser Fluß von Aalen wimmelte, wie man Geld verdienen konnte, wenn man sie fing und lebend nach London schaffte. Ich erzählte ihm, ich hätte achtzig Pfund auf der Bank, und am nächsten Morgen kauften wir Netz, Schnur, Reifen aus starkem Draht und eine alte Zisterne, in der wir die Aale aufbewahren wollten. Die nächsten beiden Monate verbrachte ich mit der Anfertigung von Aalreusen.

Wenn das Wetter schön war, nahm ich mein Netz, die Reifen und die Schnur mit nach draußen, setzte mich auf einen Poller und arbeitete an der Kaimauer. Eine Aalreuse ist zylindrisch, an einem Ende verschlossen, und am anderen Ende befindet sich ein langer, trichterförmiger Eingang, der sich mählich verjüngt. Sie liegt auf dem Grund des Flusses, die Aale schwimmen hinein, um den Köder zu fressen, und finden dann in ihrer Blindheit nicht mehr heraus. Die Fischer waren freundlich und belustigt. Aale gibt es da unten, sagten sie, und ein paar werdet ihr auch fangen, aber leben könnt ihr davon nicht. Die Strömung reißt euch die Netze so schnell weg, wie ihr welche machen könnt. Wir nehmen Eisengewichte, sagte ich ihnen, und sie zuckten gutmütig die Achseln und zeigten mir eine bessere Methode, das Netz an den Reifen festzuzurren, sie fanden, es sei mein gutes Recht, es selbst auszuprobieren. Wenn die Fischer mit ihren Booten draußen waren und ich keine Lust hatte zu arbeiten, saß ich herum und beobachtete, wie das Wasser mit den Gezeiten über den Schlamm glitt, hatte nicht das Gefühl, die Aalreusen seien mit Vorrang zu behandeln, war aber sicher, wir würden reich.

Ich versuchte, Sissel für das Aal-Abenteuer zu interessieren, erzählte ihr von dem Ruderboot, das uns jemand für den Sommer leihen würde, aber sie hatte nichts zu sagen. Also hoben wir statt dessen die Matratze auf den Tisch und legten uns hin, ohne uns auszuziehen. Dann begann sie zu sprechen. Wir drückten unsere Handflächen gegeneinander, sie untersuchte Größe und Form unserer Hände genau, gab dazu einen Direktkommentar vom Schauplatz. Genau dieselbe Größe, deine Finger sind dicker, hier hast du etwas mehr. Sie maß meine Wimpern mit der Spitze ihres Daumens und wünschte, ihre wären auch so lang, sie erzählte mir von dem Hund, den sie hatte, als sie noch klein war, er hatte lange weiße Wimpern. Sie betrachtete den Sonnenbrand auf meiner Nase und sprach darüber, welche ihrer Brüder und Schwestern in der Sonne rot wurden und welche braun, was ihre kleinste Schwester einst gesagt hatte. Wir zogen uns langsam aus. Sie schlenkerte sich die Turnschuhe von den Füßen und sprach von ihrem Fußpilz. Ich hörte mit geschlossenen Augen zu, ich konnte Schlamm und Seetang und Staub durch das offene Fenster riechen. Vor sich hin labern nannte sie diese Art zu sprechen. Wenn ich dann in ihr war, ergriff es mich, ich war in meiner Phantasie gefangen, nun konnte es zwischen meinen wuchernden Empfindungen und meinem Wissen, daß wir in Sissels Bauch ein Wesen machen konnten, keine Trennung mehr geben. Ich hatte nicht den Wunsch, Vater zu werden, darum ging es überhaupt nicht. Es ging um: Eier, Spermien, Chromosomen, Federn, Kiemen, Klauen, wenige Zoll vom Ende meines Pimmels die unaufhaltsame Chemie eines Wesens, das aus einem dunkelroten Schleim wächst, meine Phantasie war das Gefühl von Hilflosigkeit gegenüber dem Alter und der Kraft dieses Prozesses, und schon dieser Gedanke allein konnte bewirken, daß ich kam, bevor ich es wollte. Als ich Sissel das sagte, lachte sie. Mein Gott, sagte sie. Für mich befand sich Sissel mitten in diesem Prozeß, sie *war* der Prozeß, und die Macht seiner Faszination wuchs. Sie nahm zwar eigentlich die Pille, doch vergaß sie das jeden Monat mindestens zwei- bis dreimal. Ohne Diskussion kamen wir zu der Übereinkunft, daß ich draußen kommen sollte, aber das klappte selten. Wenn es uns die langen Steilhänge zu unseren Orgasmen hinunterriß, kämpfte ich in diesen letzten verzweifelten Sekunden, um den Weg nach draußen zu finden, aber wie ein Aal war ich in meiner Phantasie von dem Wesen im Dunkel gefangen, das Wesen wartete, hungrig, und ich fütterte es mit großen Qualstern weißen Schleims. In jenen unbedachten Sekundenbruchteilen gab ich mein Leben hin, um das Wesen zu füttern, was immer es war, in ihrem Schoß oder nicht, um nur Sissel zu ficken, um noch mehr Wesen zu füttern, diesem Zweck war mein ganzes Leben in der Schwäche eines Augenblicks geweiht. Ich gab acht auf Sissels Periode, alles, was mit Frauen zu tun hatte, war neu für mich, und auf nichts war Verlaß. Wir liebten uns, während Sissel ihre üppigen, mühelosen Perioden hatte; das Blut machte uns ganz schön klebrig und braun, und ich dachte, wir wären jetzt die Wesen im Schleim, wir wären drin und würden mit Wolkenqualstern gefüttert, die durchs Fenster hereinkamen, von

Gasen, die die Sonne aus den Schlickstrecken zog. Meine Phantasien machten mir Sorgen, ich wußte, daß ich ohne sie nicht kommen konnte. Ich fragte Sissel, woran sie dachte, und sie kicherte. Auf jeden Fall keine Federn und Kiemen. *Woran* denkst du denn? Nicht viel, eigentlich gar nichts. Ich hakte mit meiner Frage nach, und sie zog sich in Schweigen zurück.

Ich wußte, das Wesen, dessen Scharren ich gehört hatte, war mein eigenes Geschöpf, und als Sissel es eines Nachmittags hörte und sich zu sorgen begann, wurde mir klar, daß ihre Phantasien ebenfalls damit zu tun hatten, es war ein Geräusch, das unserem Liebesakt entwuchs. Wir hörten es, wenn wir fertig waren und still auf dem Rücken lagen, wenn wir leer und klar waren und vollkommen ruhig. Es war eine Ahnung von ganz kleinen Klauen, die blind an einer Wand kratzen, ein Geräusch, so weit entfernt, daß zwei Menschen nötig waren, um es zu hören. Wir dachten, es komme von einer bestimmten Stelle in der Wand. Als ich niederkniete und mein Ohr an die Scheuerleiste legte, hörte es auf, ich spürte es auf der anderen Seite der Wand, es war ertappt, erstarrt, es wartete im Dunklen. Die Wochen vergingen, und wir hörten es zu anderen Gelegenheiten tagsüber und hin und wieder auch nachts. Ich wollte Adrian fragen, was es seiner Ansicht nach war. Hör mal, da ist es, Adrian, sei mal ganz kurz still, was, glaubst du, ist das für ein Geräusch, Adrian? Er strengte sich an, wollte ungeduldig hören, was wir hören konnten, aber er konnte nicht lange genug still sein. Gar nichts ist da, rief er. Nichts, nichts, nichts. Er regte sich heftig auf, sprang seiner Schwester auf den Rücken, schrie schrill dabei und jodelte. Egal, was es zu hören gab, er wollte nicht, daß man es hören konnte, er wollte nicht übergangen werden. Ich zerrte ihn von Sissels Rükken, und wir kugelten uns auf dem Bett herum. Hör doch noch mal zu, sagte ich und nagelte ihn mit beiden Schultern fest, da war es wieder. Er kämpfte sich frei und lief aus dem Zimmer, wobei er seine Zweiklang-Polizeisirene heulte. Wir hörten zu, bis sie treppab verklungen war, und als wir ihn nicht mehr hören konnten, sagte ich, vielleicht hat Adrian tatsächlich

Angst vor Mäusen. Du meinst Ratten, sagte seine Schwester und legte ihre Hand zwischen meine Beine.

Gegen Mitte Juli waren wir nicht mehr so froh in unserem Zimmer, Auflösung und Unbehagen griffen zunehmend um sich, und es schien unmöglich, dies mit Sissel zu erörtern. Adrian besuchte uns jetzt jeden Tag, denn er hatte Sommerferien und ertrug es nicht zu Hause. Wir hörten ihn vier Stockwerke tiefer, wie er schrie und auf dem Weg zu uns auf die Treppenstufen einstampfte. Er kam lärmend herein, machte den Handstand und zeigte, was er konnte. Er sprang häufig auf Sissels Rücken, um mich zu beeindrucken, er hatte Angst, er war in Sorge, wir könnten seine Gesellschaft nicht als angenehm empfinden und ihn wegschicken, ihn nach Hause schicken. Außerdem machte er sich Sorgen, weil er seine Schwester nicht mehr verstand. Sie war immer für einen Kampf zu haben gewesen, und sie war ein guter Kämpfer, ich hörte, wie er vor seinen Freunden damit prahlte, er war stolz auf sie. Jetzt hatte seine Schwester Veränderungen durchgemacht, sie lehnte ihn mürrisch ab, sie wollte ihre Ruhe haben, um gar nichts zu tun, sie wollte sich Platten anhören. Sie war wütend, wenn er ihr mit Schuhen auf den Rock trat, und sie hatte jetzt Brüste wie seine Mutter, sie sprach jetzt mit ihm wie seine Mutter. Geh da runter, Adrian. Bitte, Adrian, bitte, jetzt nicht, später. Er konnte es trotzdem nicht ganz glauben, es war eine Laune seiner Schwester, eine Phase, hoffnungsfroh fuhr er fort, sie zu reizen und anzugreifen, er wollte so sehr, daß alles wieder so war wie früher, bevor sein Vater von zu Hause weggegangen war. Wenn er Sissel in den Schwitzkasten nahm und sie rückwärts aufs Bett zerrte, hielt er, Unterstützung suchend, die Augen auf mich gerichtet, er dachte, das eigentliche Bündnis bestehe zwischen uns, die beiden Männer gegen das Mädchen. Er konnte nicht sehen, daß es da keine Unterstützung gab, er wünschte sie sich so sehr. Sissel schickte Adrian nie weg, sie verstand, warum er hier war, aber für sie war es schwer. An einem langen, qualvollen Nachmittag verließ sie das Zimmer und weinte fast, niedergeschlagen, enttäuscht, verbittert. Adrian wandte sich mir zu und hob in gespieltem Entsetzen die Brauen. Da versuchte ich, mit ihm zu reden, aber er machte bereits sein Jodelgeräusch und nahm herausfordernd seine kämpferische Grundstellung ein, wollte mit mir balgen. Auch hatte Sissel mir nichts über ihren Bruder zu sagen, sie machte nie allgemeine Bemerkungen über Menschen, weil sie nie allgemeine Bemerkungen machte. Manchmal, wenn wir hörten, wie Adrian die Treppe heraufkam, blickte sie zu mir herüber und schien diesen ihren Vorsätzen durch ein leichtes Schürzen ihrer schönen Lippen untreu zu werden.

Es gab nur eine Methode, mit der man Adrian dazu überreden konnte, uns in Frieden zu lassen. Er konnte es nicht mit ansehen, wenn wir uns berührten, es tat ihm weh, es rief echten Ekel bei ihm hervor. Wenn er sah, wie einer von uns durchs Zimmer ging, um sich dem andern zu nähern, flehte er uns schweigend an, er stolperte zwischen uns hin, gab dabei vor, in Spiellaune zu sein, wollte uns zu einem anderen Spielchen ködern. Er machte uns nach, gebärdete sich dabei wie ein Wahnsinniger, verzweifelt und zum letztenmal bestrebt, uns unsere Einfältigkeit augenfällig zu machen. Dann hielt er es nicht mehr aus, rannte aus dem Zimmer und mähte dabei auf der Treppe mit seiner MPi deutsche Soldaten und frischverliebte Pärchen nieder.

Aber Sissel und ich berührten einander immer seltener, auf unsere stille Art konnten wir uns nicht dazu bringen. Nicht, daß unsere Beziehung verflachte, noch, daß wir einander nicht mehr genossen hätten –, unsere Zukunftsaussichten waren verblaßt. Es war das Zimmer als solches. Es lag nicht mehr im vierten Stock und weit entfernt, es gab nicht mehr die Brise durch das Fenster, nur noch eine Hitze wie Brei, die sich vom Fluß erhob, und tote Quallen und Wolken von Fliegen, feurige graue Fliegen, die unsere Achselhöhlen fanden und voller Ingrimm zubissen, Stubenfliegen, die in Wolken über unserem Essen hingen. Unser Haar war zu lang und klamm und hing uns in die Augen. Das, was wir zum Essen einkauften, schmolz und schmeckte wie der Fluß. Wir hoben die

Matratze nicht mehr auf den Tisch; der kühlste Ort war jetzt der Fußboden, und der Fußboden war mit fettigem Sand bedeckt, den man nicht wegkriegte. Sissel wurde ihrer Schallplatten überdrüssig, und ihr Fußpilz breitete sich von dem einen auf den anderen Fuß aus und verstärkte den Geruch. Unser Zimmer stank. Wir sprachen nicht vom Ausziehen, denn wir sprachen über gar nichts. Wir wurden jetzt jede Nacht vom Scharren hinter der Wand geweckt, lauter jetzt und eindringlicher. Wenn wir uns liebten, lauschte es uns hinter der Wand. Wir liebten uns seltener, und unser Müll sammelte sich um uns herum, Milchflaschen, die wegzutragen wir uns nicht aufraffen konnten, grauer, schwitzender Käse, Butterpapier, Pappkartons für Joghurtbecher, überreife Salami. Und Adrian mittendrin, der Räder schlug und jodelte und mit der MPi schoß und Sissel attackierte. Ich versuchte, Gedichte über meine Phantasien zu schreiben, über das Wesen, aber ich fand keinen Einstieg, und ich schrieb nichts nieder, nicht einmal eine erste Zeile. Statt dessen unternahm ich lange Spaziergänge am

Flußdeich entlang ins Hinterland von Norfolk mit seinen öden Rübenfeldern, Telegrafenmasten, eintönig grauen Himmeln. Ich mußte noch zwei Aalnetze machen, ich zwang mich dazu, mich jeden Tag mit ihnen hinzusetzen. Aber im Herzen hatte ich sie satt, ich konnte nicht recht glauben, daß jemals Aale hineinschwimmen würden, und fragte mich, ob ich das überhaupt wollte, ob es nicht besser war, wenn die Aale ungestört im kühlen Schlamm am Grunde des Flusses blieben. Aber ich machte weiter, weil Sissels Vater jetzt bereit war, loszuschlagen, weil ich all das Geld und die Stunden, die ich bisher darauf verwandt hatte, abbüßen mußte, weil die Idee inzwischen einen eigenen müden, zerbrechlichen Schwung entwickelt hatte, den ich ebensowenig aufhalten konnte, wie ich es fertigbrachte, die Milchflaschen aus unserem Zimmer zu tragen.

Dann fand Sissel einen Job, und dadurch sah ich, daß wir nicht anders waren als alle anderen, Zimmer, Häuser, Jobs, Karrieren, das hatten alle, ihre Zimmer waren sauberer, ihre Jobs waren besser, wir waren ein strebsames junges

Paar wie überall. Es war eine der fensterlosen Fabriken auf der anderen Seite des Flusses, wo Gemüse und Obst eingedost wurden. Zehn Stunden pro Tag mußte sie im Gebrüll der Maschinen an einem Fließband sitzen, durfte mit niemandem sprechen und sollte die verdorbenen Mohrrüben aussortieren, bevor sie in die Dose kamen. Am Ende ihres ersten Tages kam Sissel mit einem rosa-weißen Nylon-Regenmantel und einer rosa Mütze nach Hause. Ich sagte, warum ziehst du das nicht aus? Sissel zuckte die Achseln. Für sie war es alles dasselbe, im Zimmer herumzusitzen, in einer Fabrik herumzusitzen, in der das Erste Programm über Lautsprecher übertragen wurde, die an den stählernen Tragebalken befestigt waren, in der vierhundert Frauen halb zuhörten, halb träumten, während ihre Hände auf und ab jagten wie mechanische Weberschiffchen. An Sissels zweitem Tag nahm ich die Fähre über den Fluß und wartete vor den Fabriktoren auf sie. Ein paar Frauen kamen durch eine kleine Blechtür in einer großen Mauer ohne Fenster, und eine plärrende Sirene tönte über den gesamten Fabrikkomplex. Es öffneten sich andere kleine Türen, und sie strömten heraus, ihr Strom verjüngte sich an den Toren, Unmengen von Frauen mit rosa-weißen Nylonmänteln und rosa Mützen. Ich stand auf einem Mäuerchen und versuchte, Sissel zu sehen, es war plötzlich sehr wichtig. Ich dachte, wenn ich sie nicht aus diesem raschelnden Strom aus rosa Nylon ziehen konnte, war sie verloren, waren wir beide verloren, und unsere Zeit war wertlos geworden. Als er sich den Fabriktoren näherte, bewegte sich der Hauptteil des Stromes schnell. Manche fielen in einen halben Laufschritt, auswärtsgespreizt, hoffnungslos, die Art, wie man Frauen das Laufen beibringt, die anderen gingen so schnell sie konnten. Später fand ich heraus, daß sie sich mit dem Heimweg beeilten, um das Abendbrot für ihre Familien zu machen, um schneller mit der Arbeit im Haushalt anfangen zu können. Nachzügler der nächsten Schicht versuchten, sich gegen den Strom zu stemmen. Ich konnte Sissel nicht sehen und war der Panik nahe, ich rief ihren Namen, und meine Worte wurden niedergetrampelt. Zwei ältere Frauen, die bei der Mauer stehengeblieben waren, um sich eine Zigarette anzuzünden, grinsten zu mir herauf: Selber Sissel! Ich ging den langen Weg nach Hause, über die Brücke, und beschloß, Sissel nicht zu sagen, daß ich sie hatte abholen wollen, weil ich meine Panik hätte erklären müssen und nicht wußte, wie. Sie saß auf dem Bett, als ich nach Hause kam, und sie hatte immer noch ihren Nylonkittel an. Die Mütze lag auf dem Fußboden. Warum ziehst du das Ding nicht aus? sagte ich. Sie sagte, warst du das draußen vor der Fabrik? Ich nickte. Warum hast du nicht mit mir gesprochen, wenn du gesehen hast, daß ich da stand? Sissel drehte sich um und lag mit dem Gesicht nach unten auf dem Bett. Ihr Mantel war fleckig und roch nach Maschinenöl und Erde. Ich weiß nicht, sagte sie ins Kissen, ich habe nicht dran gedacht. Ich habe nach meiner Schicht an gar nichts gedacht. Ihre Worte hatten etwas abtötend Endgültiges, ich blickte im Zimmer umher und verfiel in Schweigen.

Zwei Tage später, am Samstag abend, kaufte ich pfundweise gummiartige Rinderlunge mit

Blutklumpen (sie wurde Beuschel genannt) als Köder. Am selben Nachmittag füllten wir die Reusen und ruderten bei Ebbe bis zur Mitte des Kanals, um sie im Flußbett auszulegen. Jede der sieben Reusen wurde mit einer Boje markiert. Sonntag morgen um vier rief Sissels Vater nach mir, und wir fuhren mit seinem Lieferwagen dorthin, wo wir das ausgeborgte Boot liegen hatten.

Diesmal würden wir hinausrudern, um die Markierbojen zu finden und die Reusen einzuholen, es war unser Testlauf, wären wohl Aale in den Netzen, würde es sich lohnen, mehr Netze zu bauen, mehr Aale zu fangen und sie einmal in der Woche zum Billingsgate-Markt zu fahren, würden wir reiche Leute? Es war ein trüber, windiger Morgen, ich spürte keine Vorfreude, nur Müdigkeit und eine anhaltende Erektion. In der Wärme der Lieferwagenheizung nickte ich halb ein. Ich hatte in der Nacht viele Stunden wachgelegen und auf den kratzenden Lärm hinter der Wand gelauscht. Einmal stand ich auf und schlug mit einem Löffel gegen die Putzleiste. Es entstand eine Pause, dann fing das Scharren wieder an. Es schien jetzt sicher, daß es sich einen Weg ins Zimmer grub. Während Sissels Vater ruderte, spähte ich über den Bootsrand nach Markierungen. Sie zu finden war nicht so leicht, wie ich gedacht hatte, sie hoben sich nicht weiß gegen das Wasser ab, sondern als schwarze, niedrige Silhouetten. Es dauerte zwanzig Minuten, bis wir die erste fanden. Als wir das Netz einholten, war ich erstaunt, wie schnell die saubere weiße Schnur vom Schiffsausstatter so geworden war wie jedes Stück Schnur am Fluß, braun und mit feinen grünen Algensträngen behangen. Auch das Netz sah alt und fremdartig aus, ich konnte nicht glauben, daß es einer von uns gebaut hatte. Es waren zwei Krebse und ein großer Aal drin. Er zurrte das geschlossene Ende der Reuse auf, ließ die beiden Krebse ins Wasser fallen und tat den Aal in den Plastikeimer, den wir mitgebracht hatten. Wir taten frische Beuschel in die Reuse und warfen sie über den Bootsrand. Wir brauchten weitere fünfzehn Minuten, bis wir die nächste Reuse fanden, und sie war leer. Danach ruderten wir eine halbe

Stunde lang den Kanal hinauf und hinunter, ohne eine weitere Reuse zu finden, und inzwischen war die Flut gekommen und bedeckte die Markierungen. Da nahm ich die Riemen und ruderte ans Ufer.

Wir fuhren in das Wohnheim zurück, in dem Sissels Vater wohnte, und er machte ein Frühstück. Wir wollten nicht über die verlorenen Reusen reden, wir taten so, als würden wir sie finden, wenn wir bei der nächsten Ebbe hinausführen. Aber wir wußten, daß wir sie eingebüßt hatten, stromaufwärts oder stromabwärts waren sie von den mächtigen Gezeiten geschwemmt worden, und ich wußte, daß ich mein Leben lang keine Reusen für Aale mehr bauen würde. Ich wußte außerdem, daß mein Partner einen kleinen Ausflug mit Adrian geplant hatte: sie wollten am selben Nachmittag aufbrechen. Sie wollten Fliegerhorste besichtigen und hofften, zum Schluß noch ins Imperial War Museum gehen zu können. Wir aßen Eier mit Speck und Pilzen und tranken Kaffee. Sissels Vater berichtete mir von einer Idee, die ihm gekommen war, einer einfachen, aber lukrativen Idee. Krabben kosten hier am Fluß sehr wenig und sind in Brüssel sehr teuer. Wir konnten jede Woche zwei Wagenladungen hinüberschaffen, er war auf seine entspannte, freundliche Art optimistisch, und einen Augenblick lang war ich davon überzeugt, daß sein Plan funktionieren werde. Ich trank meinen Kaffee aus. Na, sagte ich, ich glaube, darüber muß man noch ein bißchen nachdenken. Ich nahm den Eimer mit dem Aal, Sissel und ich konnten ihn essen. Mein Partner sagte mir, als wir uns die Hand gaben, der sicherste Weg, einen Aal zu schlachten, sei, ihn mit Salz zu bedecken. Ich wünschte ihm einen schönen Ausflug, und wir gingen auseinander, immer noch unter dem stillen Vorwand, daß einer von uns beiden bei der nächsten Ebbe hinausrudern werde, um die Reusen zu suchen.

Nach einer Woche in der Fabrik erwartete ich nicht, daß Sissel noch wach sein würde, als ich nach Hause kam, aber sie saß aufrecht im Bett, bleich, und umklammerte ihre Knie. Sie starrte in eine Ecke des Zimmers. Da drin ist sie, sagte sie. Sie ist hinter diesen Büchern auf dem Fußboden. Ich setzte mich aufs Bett und zog mir die nassen Schuhe und Socken aus. Die Maus? Du meinst, du hast die Maus gehört? Sissel sprach leise. Es ist eine Ratte. Ich habe gesehen, wie sie durchs Zimmer gerannt ist. Ich bin zu den Büchern hinübergegangen und hab dagegengetreten, und sofort ist sie herausgekommen, ich habe ihre Krallen auf den Fußbodenbrettern gehört, und dann habe ich gesehen, wie sie an der Wand entlanglief, ich hatte den Eindruck, sie ist so groß wie ein kleiner Hund, eine Ratte, eine stämmige, mächtige, graue Ratte, die ihren Bauch über den Fußboden schleifte. Sie rannte die ganze Wand entlang und kroch hinter eine Kommode. Wir müssen sie da rauskriegen, jammerte Sissel mit einer Stimme, die mir fremd war. Ich nickte, aber ich konnte mich im Augenblick nicht bewegen, noch konnte ich sprechen, sie war so groß, die Ratte, und sie war den ganzen Sommer über bei uns gewesen, hatte in den Zeiten tiefer, klarer Stille nach unseren Ficks und während wir schliefen an der Wand gekratzt, sie war unsere Vertraute. Ich war zu Tode erschrocken, hatte mehr Angst als

Sissel, ich war sicher, daß die Ratte uns so gut kannte wie wir sie, sie wußte eben jetzt genausogut, daß wir im Zimmer waren, wie wir wußten, daß sie hinter der Kommode war. Sissel wollte wieder etwas sagen, als wir ein Geräusch auf der Treppe hörten, ein vertrautes Stampf- und Maschinengewehr-Geräusch. Ich war erleichtert, als ich es hörte. Adrian kam auf gewohnte Weise herein, er trat die Tür auf und sprang herein, tief geduckt, eine Maschinenpistole schußbereit an der Hüfte. Er beharkte uns mit rohem Geräusch, das hinten aus seiner Kehle kam, wir legten den Finger auf den Mund und versuchten, ihn ruhigzukriegen. Ihr seid alle tot, alle beide, sagte er und wollte ein Rad durchs Zimmer schlagen. Sissel machte noch einmal Pscht, sie versuchte, ihn zum Bett herüberzuwinken. Wieso Pscht? Was ist mit euch los? Wir zeigten auf die Kommode. Eine Ratte, sagten wir ihm. Sofort war er auf den Knien und spähte. Eine Ratte? Phantastisch, es ist eine große, schaut mal. Phantastisch. Was wollt ihr machen? Los, wir fangen sie. Ich ging schnell durchs Zimmer und holte einen Feuerhaken vom Kamin, bei Adrians Aufregung konnte ich meine Angst verlieren, konnte so tun, als wäre es nur eine fette Ratte in unserem Zimmer, ein Abenteuer, sie zu fangen. Sissel plärrte wieder vom Bett herüber. Was willst du damit machen? Für einen Augenblick spürte ich, wie sich mein Griff um den Schürhaken lockerte, es war nicht nur eine Ratte, es war kein Abenteuer, das wußten wir beide. Inzwischen tanzte Adrian seinen Tanz. Ja, genau, das, das haut hin. Adrian half mir, die Bücher quer durchs Zimmer zu tragen, wir bauten eine Mauer um die Kommode herum und ließen nur in der Mitte eine Lücke frei, durch die die Ratte entkommen konnte. Sissel fragte weiter, Was machst du da? Was willst du mit dem Ding? Aber sie wagte nicht, das Bett zu verlassen. Wir hatten die Mauer fertiggebaut, ich gab Adrian einen Kleiderbügel, um die Ratte herauszutreiben, als Sissel durchs Zimmer gesprungen kam und versuchte, mir den Schürhaken aus der Hand zu winden. Gib her, schrie sie, und hängte sich an meinen erhobenen Arm. In diesem Moment rannte die Ratte durch die

Lücke in den Büchern heraus, rannte genau auf uns zu und hatte die Zähne entblößt, wie mir schien, und zu allem bereit. Wir schwärmten aus, Adrian sprang auf den Tisch, Sissel und ich waren wieder auf dem Bett. Jetzt hatten wir alle genügend Zeit, die Ratte zu betrachten, wie sie mitten im Zimmer verhielt und dann wieder vorwärtsrannte, wir hatten genug Zeit zu sehen, wie mächtig und fett und rasch sie war, wie ihr ganzer Körper bebte, wie ihr Schwanz hinterherglitt wie ein dienstbarer Parasit. Sie kennt uns, dachte ich, sie will uns, braucht uns. Ich brachte es nicht mehr über mich, Sissel anzusehen. Als ich auf dem Bett aufstand, den Feuerhaken erhob und in Stellung brachte, kreischte sie. Ich warf, so stark ich konnte, mit der Spitze voran schlug der Feuerhaken mehrere Zoll vor dem schmalen Kopf der Ratte auf den Fußboden. Sie drehte sich sofort um und rannte durch die Lücke zwischen den Büchern. Wir hörten das Scharren ihrer Krallen, als sie sich hinter der Kommode niederließ, um abzuwarten.

Ich montierte den Draht-Kleiderbügel auseinander, zog ihn gerade, bog ihn zur Hälfte um und gab ihn Adrian. Er war jetzt stiller, hatte ein wenig mehr Angst bekommen. Seine Schwester saß auf dem Bett und hatte wieder die Knie hochgezogen. Ich stand ein gutes Stück von der Lücke zwischen den Büchern entfernt und hielt den Schürhaken fest mit beiden Händen umklammert. Ich blickte an mir herunter und sah meine bleichen, nackten Füße und sah die Zähne einer Geisterratte, gebleckt, wie sie mir die Fußnägel aus dem Fleisch rissen. Ich rief, wartet, erst will ich mir die Schuhe anziehen. Aber es war zu spät. Adrian stocherte mit dem Draht hinter der Kommode, und jetzt wagte ich keine Bewegung. Ich duckte mich mit meinem Feuerhaken noch tiefer, wie beim Kricket der Mann mit dem Schlagholz. Adrian kletterte auf die Kommode und trieb den Draht genau in die Ecke hinein. Er war gerade dabei, mir etwas zuzurufen, was es war, konnte ich nicht hören. Die Ratte, wahnsinnig vor Angst, rannte durch die Lücke, sie rannte auf meine Füße zu, um sich zu rächen. Sie bleckte die Zähne wie die Geisterratte. Mit beiden Händen hieb ich mit dem Schürhaken zu, erwischte sie voll und sauber unter dem Bauch, und der Schürhaken ließ sie abheben, durch das Zimmer segeln; von Sissels gepreßtem schrillen Schrei getragen, platzte sie gegen die Wand, und sofort dachte ich, Jetzt hat sie sich das Genick gebrochen. Sie fiel auf den Boden, Beine in die Luft, von vorne bis hinten gespalten wie eine reife Frucht. Sissel nahm nicht die Hand vom Mund, Adrian blieb auf der Kommode, ich verlagerte mein Gewicht nicht, ich blieb so, wie ich gewesen war, als ich getroffen hatte, und niemand atmete aus. Die Ahnung eines Geruchs kroch durch den Raum, dumpfig und intim, wie der Geruch von Sissels Monatsblut. Dann furzte Adrian und kicherte aus seiner unterdrückten Furcht, sein menschlicher Geruch mischte sich mit der der geplatzten Ratte. Ich stand über der Ratte und gab ihr mit dem Schürhaken einen sanften Stich. Sie rollte zur Seite, und aus dem riesigen Spalt, der bei ihr der Länge nach klaffte, lugte und rutschte dann teilweise aus dem unteren Unterleib heraus ein durchsichtiger lila Beutel mit fünf bleichen, zusammengekauerten Umrissen darinnen, sämtlich die Knie ans Kinn gepreßt. Als der Beutel den Fußboden berührte, sah ich eine Bewegung, das Bein einer ungeborenen Ratte bebte, als gäbe es noch Hoffnung, aber die Mutter war hoffnungslos tot, und das war es dann auch schon.

Sissel kniete neben der Ratte nieder, Adrian und ich standen wie Wächter hinter ihr, als wäre sie besonders befugt, dort zu knien, von ihrem langen roten Rock umgossen. Sie spreizte den Spalt in der Mutterratte mit Daumen und Zeigefinger, stopfte den Beutel zurück und zog das Fell darüber zusammen, es hatte spitze Nadeln aus geronnenem Blut. So kniete sie noch ein wenig, und wir standen immer noch hinter ihr. Dann räumte sie ein paar Sachen aus der Spüle, um sich die Hände zu waschen. Wir wollten jetzt alle ins Freie, deshalb wickelte Sissel die Ratte in Zeitungspapier, und wir trugen sie nach unten. Sissel hob den Deckel des Mülleimers, und behutsam legten wir die Ratte hinein. Dann fiel mir etwas ein, ich sagte den anderen beiden, sie sollten auf mich warten, und rannte noch einmal nach oben. Ich war wegen des Aals zurückgekommen, er lag ganz still in seinen paar Kubikzoll Wasser, und ich dachte schon, er sei ebenfalls tot, als ich sah, wie er zuckte, als ich den Eimer aufhob. Jetzt hatte sich der Wind gelegt, die Wolkendecke bekam Löcher, wir gingen durch einen Wechsel von Licht und Schatten zum Fluß. Schnell kam die Flut herein. Wir gingen die Steinstufen hinab, bis hin zur Wasserlinie, und dort gab ich dem Aal einen Stubs zurück in den Fluß, und wir sahen ihm zu, wie er sich davonschlängelte, ein Blitz von weißem Bauchfleisch im braunen Wasser. Adrian verabschiedete sich von uns, und ich dachte, er würde seine Schwester umarmen. Er zögerte und lief davon, rief dabei etwas über die Schulter zurück. Wir riefen ihm nach, er solle noch einen schönen Ausflug haben. Auf dem Rückweg blieben Sissel und ich stehen, um die Fabriken am anderen Flußufer zu betrachten. Sie sagte mir, sie würde ihren Job da drüben aufgeben.

Wir hoben die Matratze auf den Tisch und legten uns vor dem offenen Fenster hin, Nase gegen Nase, wie damals, als der Sommer begann. Wir hatten eine leichte Brise, die hereinwehte, einen entfernten rauchigen Geruch von Herbst, und ich fühlte mich ruhig, sehr klar. Sissel sagte, heute nachmittag räumen wir das Zimmer auf und machen einen langen Spaziergang, einen Spaziergang am Deich entlang. Ich drückte meine Hand voll gegen ihren warmen Bauch und sagte ja.

W. Somerset Maugham

Die drei dicken Damen von Antibes

Die erste war Witwe und hieß Mrs. Richman; die zweite, eine zweifach geschiedene Amerikanerin, hieß Mrs. Sutcliffe, und die dritte – unverheiratet – Miss Hickson. Sie alle waren in die behaglichen Vierziger vorgerückt und besaßen viel Geld. Mrs. Sutcliffe hörte auf den ausgefallenen Vornamen Arrow. Als sie noch schlank und knusprig war, mochte sie den ‹Pfeil› gut leiden, das paßte zu ihr, verlockte zu etwas allzu häufigen, doch sehr schmeichelhaften Scherzen und entsprach, wie sie sich einredete, auch ihrem geradlinigen, quicken und zielbewußten Naturell. Jetzt schätzte sie Arrow weniger, seit ihre zarten Züge auseinanderliefen, Arme und Brüste sich mächtig rundeten und ebenso die gewichtigen Hüften. Es wurde zunehmend schwierig, ein Kleid zu finden, in dem sie so aussah, wie sie aussehen wollte, die Witzeleien über ihren Namen machte man nun hinter ihrem Rücken, und sie wußte genau, wie wenig schmeichelhaft sie waren. Aber sie fühlte sich durchaus noch in den besten Jahren: sie trug unverdrossen Blau, um die Farbe ihrer Augen zu betonen, und ihr blondes Haar behielt dank kunstvoller Pflege seinen leuchtenden Glanz. An Beatrice Richman und Frances Hickson gefiel ihr vor allem der bedeutend größere Umfang der beiden, sie wirkte daneben doch sehr schlank; auch waren beide älter und behandelten Mrs. Sutcliffe gern als ein junges Dingelchen, was ihr nicht unangenehm war. Gutmütig neckten sie sie mit ihren Verehrern, beide verschwendeten nämlich keinen Gedanken an diesen Unfug, ja, Miss Hickson hatte ihn nie in Betracht gezogen; doch Arrows Flirts verfolgten sie mit Wohlwollen und glaubten fest daran, daß sie in allernächster Zeit einen dritten Mann beglücken würde.

«Du darfst aber nicht zunehmen, Schatz», sagte Mrs. Richman.

«Und prüfe um Himmels willen sein Bridge!» mahnte Miss Hickson.

Sie sahen sie mit einem guterhaltenen, distinguierten Fünfziger, einem Admiral a. D., der blendend Golf spielte, oder einem Witwer ohne Anhang, aber ein solides Einkommen wurde in jedem Fall vorausgesetzt. Liebenswürdig hörte Arrow ihnen zu und erwähnte mit keinem Wort, daß sie sich alles ganz anders vorstellte. Gewiß, sie wollte gerne wieder heiraten, doch ihre Phantasie wandte sich einem schlanken Italiener mit blitzenden Augen und klingendem Titel zu oder einem spanischen Aristokraten, keinen Tag älter als dreißig. Ein Blick in den Spiegel überzeugte sie von Zeit zu Zeit, auch sie sehe keinen Tag älter aus.

Miss Hickson, Mrs. Richman und Arrow Sutcliffe waren gute Freundinnen; ihr Gewicht hatte sie zusammengeführt und Bridge ihre Verbindung gefestigt. In Karlsbad hatten sie sich kennengelernt, wo sie im gleichen Hotel wohnten und vom gleichen Arzt mit der gleichen Herzlosigkeit behandelt wurden. Beatrice Richman, eine überwältigend dicke, doch hübsche Frau mit großen Augen, gemalten Wangen und geschminkten Lippen war mit ihrem Witwenstand und einem ansehnlichen Vermögen vollauf zufrieden. Sie aß furchtbar gern und liebte Butterbrot, Sahne, Kartoffeln und Pudding. Elf Monate im Jahr gönnte sie sich einfach alles, worauf sie Lust hatte, dann ging sie vier Wochen nach Karlsbad, um abzumagern. Doch sie nahm Jahr für Jahr zu. Sie beschimpfte ihren Arzt, der kein Mitgefühl zeigte, sondern sie auf ein paar augenfällige und simple Tatsachen hinwies.

«Wenn mir alles verboten wird, was ich mag, ist das Leben nicht lebenswert», widersprach sie ihm.

Mißbilligend zuckte er die Achseln. Nachher vertraute sie Miss Hickson an, sie schöpfe langsam den Verdacht, der Arzt sei doch nicht so tüchtig, wie sie gemeint habe. Miss Hickson brach in ein donnerndes Gelächter aus – das war so ihre Art. Sie besaß einen Baß und ein bleiches Vollmondgesicht, darin zwei muntere Äuglein blitzten, lief lässig, die Hände in den Taschen, herum und rauchte eine dicke Zigarre, wenn es sich ohne Aufsehen machen ließ. Soweit wie möglich zog sie sich wie ein Mann an.

«Zum Teufel, was soll ich in Rüschen und Volants?» dröhnte sie. «Bei meinem Umfang kann man es ebensogut bequem haben.»

Sie trug Tweed und schwere Stiefel und verzichtete auf eine Kopfbedeckung. Außerdem war sie stark wie ein Pferd und behauptete, nur wenige Männer überträfen beim Golf ihren langen Schlag. Aus ihrem Herzen machte sie keine Mördergrube und fluchte besser als ein Stallknecht. Obwohl sie eigentlich Frances hieß, ließ sie sich lieber Frank nennen. Mit fester Hand, doch nicht ohne Feingefühl, hielt sie durch ihren starken und geselligen Charakter das Kleeblatt beieinander: sie tranken gemeinsam ihr Wasser, badeten zur selben Zeit, wanderten energisch zusammen los, stapften zu dritt auf dem Tennisplatz herum mit einem Lehrer, der sie in Bewegung setzen mußte, und verzehrten am gleichen Tisch ihre kärgliche Diät. Nichts trübte ihre Heiterkeit außer dem Zeiger der Waage, und wenn eine der drei von einem Tag zum andern kein Gramm abgenommen hatte, vermochten weder Franks deftige Witze noch Beatricens Gutmütigkeit oder Arrows neckische Verspieltheiten die schwarzen Wolken zu vertreiben. Dann wurden drastische Maßnahmen ergriffen: die Schuldige legte sich für vierundzwanzig Stunden ins Bett, und keine Nahrung kam über ihre Lippen mit Ausnahme der berühmten Gemüsesuppe ihres Arztes – sie schmeckte wie heißes Wasser, darin man gründlich Kohl gewaschen hatte.

Die drei waren die dicksten Freunde und von niemand abhängig, allein zum Bridge benötigten sie einen vierten ‹Mann›. Sobald sie jeden Tag ihre Kur überstanden hatten, setzten sie sich leidenschaftlich und begeistert an den Bridgetisch. Arrow, ganz Frau, spielte am besten von ihnen: brillant und grausam. Rücksichtslos nutze sie jeden Fehler aus und gab keinen einzigen Punkt preis. Beatrice war solid und zuverlässig, Frank ein Draufgänger. Als große Theoretikerin schüttelte sie alle maßgebenden Lehrmeinungen nur so aus dem Ärmel. Zu dritt erhitzten sie sich über die verschiedenen Systeme und warfen mit Culbertson und Sims um sich. Selbstverständlich spielte keine von ihnen je eine Karte ohne fünfzehn triftige Gründe, und ebenso selbstverständlich ergab sich aus der folgenden Diskussion, daß fünfzehn gleich triftige Gründe gegen diese Karte sprachen. Obwohl vierundzwanzig Stunden mit der grauenvollen Suppe drohten, sobald die ‹abscheuliche› (Beatrice), ‹verdammte› (Frank), ‹dumme› (Arrow) Waage beim Arzt einen Tag lang keinen Gewichtsverlust anzeigte, hätten sie herrlich und in Freuden gelebt, wäre nur nicht dieses ewige Problem gewesen, einen ebenbürtigen Bridgespieler aufzutreiben.

Darum lud Frank Lena Finch ein, zu ihnen zu kommen, und von diesem Besuch handelt unsere Geschichte. Es war Franks Idee gewesen, zu dritt ein paar Wochen in Antibes zu verbringen. Als eine verständige Person fand sie es nämlich absurd, wenn Beatrice, die während ihrer Abmagerungskur stets zwanzig Pfund verlor, mit ihrem unbezähmbaren Heißhunger sofort alles wieder aufholte, weil sie allein allen Gelüsten erlag. Sie brauchte eben jemand mit einem starken Willen, der ihre Diät überwachte. Nach ihrem Karlsbader Aufenthalt, meinte Frank, sollten sie also ein Haus in Antibes mieten, wo sich reichlich Gelegenheit zu Sport biete – nichts macht bekanntlich so schlank wie Schwimmen – und sie ihre Kur fortsetzen könnten. Mit einer eigenen Köchin ließen sich zumindest alle katastrophalen Gerichte vermeiden. Und warum sollten sie nicht nochmals von ein paar Pfund herunterkommen? Den beiden anderen leuchtete das ein. Beatrice wußte, was ihr guttat, und widerstand einer Versuchung, wenn sie nicht gerade vor ihrer Nase lag. Auch liebte sie Roulette, zwei- bis dreimal die Woche ein Spielchen im Casino würde den Aufenthalt recht vergnüglich gestalten. Und Arrow schwärmte für Antibes. Nach vier Wochen Karlsbad sah sie äußerst vorteilhaft aus und erwartete nur die Qual der Wahl unter all den jungen Italienern, leidenschaftlichen Spaniern, ritterlichen Franzosen und langgliedrigen Engländern, die sich den ganzen Tag in Badehosen und bunten Bademänteln tummelten. Franks Plan verwirklichte sich aufs schönste: sie amüsierten sich großartig, aßen zweimal in der Woche bloß harte Eier und rohe Tomaten und stiegen jeden Morgen leichten Herzens auf die Waage. Arrow wog nur hundertfünfzig Pfund und fühlte sich wie ein junges Mädchen, während Beatrice und Frank gerade unter hundertachtzig blieben, wenn sie auf eine bestimmte Stelle traten. Sie hatten sich eine Waage gekauft, die Kilogramm anzeigte, und entwickelten eine außerordentliche Geschicklichkeit, ihr Gewicht blitzschnell in englische Pfund und Unzen umzurechnen.

Nur der fehlende Bridgepartner bildete immer noch das ungelöste Problem. Der eine spielte wie ein Anfänger, der zweite trödelte zum Verzweifeln, der dritte suchte Händel, der vierte konnte nicht verlieren, und der fünfte schwindelte sozusagen. Es war merkwürdig schwierig, den richtigen Mitspieler zu finden.

Als sie eines Morgens auf der Terrasse mit Blick aufs Meer frühstückten – Tee (ohne Milch und Zucker) und Dr. Hudeberts Zwieback, der garantiert nicht dick machte –, schaute Frank von ihrer Post auf.

«Lena Finch fährt an die Riviera», teilte sie mit.

«Wer ist das?» erkundigte sich Arrow.

«Eine angeheiratete Kusine von mir. Mein Vetter ist vor ein paar Monaten gestorben, und sie erholt sich soeben von einem Nervenzusammenbruch. Sollten wir sie für vierzehn Tage einladen?»

«Spielt sie Bridge?» fragte Beatrice.

«Und wie», polterte Frank, «verdammt gut sogar. Wir wären ganz unabhängig von Zuzüglern.»

«Wie alt ist sie?» wollte Arrow wissen.

«So alt wie ich.»

«Gut.»

Der Vorschlag wurde angenommen. Gleich nach dem Frühstück zog Frank mit gewohnter Entschiedenheit los, um ein Telegramm aufzugeben, und drei Tage später traf Lena Finch ein. Frank holte sie am Bahnhof ab: sie war in tiefer, doch nicht aufdringlicher Trauer, Frank, die sie zwei Jahre lang nicht gesehen hatte, küßte ihre Kusine herzhaft und schaute sie forschend an.

«Du bist sehr schmal geworden», sagte sie.

Lena lächelte tapfer.

«Ich habe in der letzten Zeit einiges durchgemacht.»

Frank seufzte, ob aus Mitgefühl über den betrüblichen Verlust, den ihre Kusine erlitten hatte, oder aus Neid, bleibe dahingestellt.

Lena war glücklicherweise nicht über Gebühr bedrückt, und nach einem kurzen Bad zeigte sie sich gerne bereit, Frank ins Hotel Eden Roc zu begleiten. Dort stellte Frank den Neuankömmling ihren beiden Freundinnen vor, und sie setzten sich in den ‹Affenkäfig›, die glasüberdachte Terrasse, die aufs Meer hinausging und im Hintergrund eine Bar besaß. Schwatzend drängten sich die Leute in Badeanzügen, Strandkleidern oder Bademänteln und tranken an kleinen Tischchen ihren Aperitif. Beatricens weiches Herz schlug mitfühlend der einsamen Witwe entgegen, und Arrow, im Bewußtsein, daß die andere bleich und recht durchschnittlich aussah und höchstwahrscheinlich achtundvierzig Jahre alt war, wollte sie sehr gern haben.

Ein Ober steuerte auf sie zu.

«Was möchtest du gern, Lena?» fragte Frank.

«Ich weiß nicht recht, das gleiche wie ihr, einen Martini Dry oder eine White Lady.»

Arrow und Beatrice warfen ihr einen schnellen Blick zu. Man weiß doch, wie Cocktails dick machen!

«Du bist sicher abgespannt von der Reise», sagte Frank freundlich und bestellte einen Martini Dry für Lena, für sich und ihre beiden Freundinnen aber Orangensaft mit Zitrone. «Bei dieser Hitze halten wir Alkohol nicht für sehr zuträglich», erklärte sie.

«Mir bekommt er», entgegnete Lena munter. «Ich mag Cocktails.»

Arrow erbleichte leicht unter ihrem Rouge – weder sie noch Beatrice benetzten beim Baden je ihr Gesicht, und die beiden fanden es albern, daß Frank bei ihrem Umfang sich mit Vorliebe vom Sprungbrett stürzte –, doch sie schwieg. Leicht und lebhaft plätscherte das Gespräch dahin, sie sagten, was man so zu sagen pflegt, mit Gusto und bummelten dann gemütlich in ihre Villa zum Mittagessen.

In jeder Serviette steckten zwei kleine Stück

Diätzwieback. Mit strahlendem Lächeln legte Lena sie beiseite.

«Kann ich eine Scheibe Brot haben?» fragte sie.

Eine handfeste Unanständigkeit hätte die Ohren der drei Damen nicht so schockiert wie dieses Ansinnen. Seit zehn Jahren hatten sie keinen Bissen Brot zwischen den Zähnen gehabt, sogar die anfällige Beatrice machte hier einen Punkt. Frank, als gute Gastgeberin, faßte sich zuerst.

«Natürlich», antwortete sie, wandte sich zum Butler und bestellte Brot.

«Und bitte etwas Butter», rief Lena mit der ihr eigenen charmanten Unbefangenheit.

Einen Augenblick herrschte verlegenes Schweigen.

«Ich weiß nicht, ob überhaupt Butter im Haus ist», sagte Frank, «vielleicht in der Küche, ich werde mal fragen.»

«Ein Butterbrot ist etwas Herrliches, finden Sie nicht auch?» wandte Lena sich an Beatrice.

Mit mattem Lächeln murmelte diese ein paar ausweichende Worte. Der Butler brachte ein großes Stück einer knusprigen Baguette, das Lena zerteilte und fingerdick mit der wie durch ein Wunder aufgetauchten Butter bestrich. Gegrillte Seezunge wurde serviert.

«Wir essen sehr einfach», erklärte Frank, «hoffentlich stört es dich nicht.»

«Nicht im geringsten, ich bin sehr für eine solide bürgerliche Küche», sagte Lena, während sie ein Stück Butter auf ihrem Fisch zergehen ließ. «Mit Brot und Butter, Kartoffeln und Sahne bin ich völlig zufrieden.»

Die drei Freundinnen tauschten einen Blick. Franks Mondgesicht erschlaffte, als sie voll Widerwillen die trockene, fade Seezunge auf ihrem Teller betrachtete. Beatrice sprang in die Bresche.

«Leider gibt es hier keine Sahne, darauf muß man an der Riviera eben verzichten.»

«Wie schade», meinte Lena bedauernd.

Der nächste Gang bestand aus Lammkoteletts, deren Fett man sorgfältig entfernt hatte, um Beatrice nicht auf die Probe zu stellen, und in Wasser gedämpftem Spinat. Zum Nachtisch gab es Birnenkompott. Lena kostete einen Löffel und blickte fragend zum Butler hinüber. Der hilfreiche Mann verstand sofort und reichte ihr ohne Zögern eine volle Zuckerschale, obwohl sie an diesem Tisch noch nie verlangt worden war. Lena bestreute ihr Kompott großzügig – die drei anderen schienen es nicht zu bemerken. Als der Kaffee serviert wurde, versenkte sie drei Stück Zucker in ihre Tasse.

«Sie sind aber eine Süße.» Arrow bemühte sich angestrengt um einen freundlichen Tonfall.

«Unserer Meinung nach ist Sacharin viel wirkungsvoller», belehrte Frank Lena, während sie eine winzige Tablette in ihren Kaffee warf.

«Scheußliches Zeug.»

Beatrice ließ die Mundwinkel hängen, sehnsüchtig schielte sie nach der Zuckerdose.

«Beatrice!» warnte Frank.

Da unterdrückte Beatrice einen Seufzer und langte nach dem Sacharin.

Frank atmete auf, als sie sich an den Bridgetisch setzten. Der erste Robber brachte Arrow und den neuen Gast zusammen.

«Nach welchem System spielen Sie, Vanderbilt oder Culbertson?» fragte Arrow.

«Nach keinem», antwortete Lena unbeschwert, «ich folge der Stimme der Natur.»

«Ich halte mich genau an Culbertson», bemerkte Arrow säuerlich.

Die drei dicken Damen wappneten sich zum Kampf. Kein System! Wahrlich, sie würden ihr's schon zeigen. Beim Bridge erkannte sogar Frank keine Familienbande mehr an, und sie rüstete sich mit der gleichen Entschlossenheit wie die beiden anderen, um den Fremdling in ihrer Mitte zu ducken. Doch die Stimme der Natur ließ Lena nicht im Stich. Sie besaß ein angeborenes Talent für Bridge und große Erfahrung, sie spielte schnell und kühn, sicher und phantasievoll, und die drei Freundinnen waren viel zu routiniert, um das nicht sehr bald zu erfassen. Großmütig und edel, wurden sie nach und nach milder gestimmt. Das nannte man Bridge! Alle genossen es in vollen Zügen. Arrow und Beatrice begannen sich für Lena zu erwärmen, was Frank einen dicken Seufzer der Erleichterung entlockte. Der Besuch würde doch ein Erfolg!

Nach ein paar Stunden trennte man sich:

Frank und Beatrice planten eine Runde Golf, Arrow einen anregenden Spaziergang mit einem Fürsten Roccamare, den sie erst kürzlich kennengelernt hatte. Er war sehr jung, ganz reizend und sah blendend aus. Lena wollte sich etwas hinlegen.

Vor dem Abendessen trafen sie wieder zusammen.

«Hoffentlich hast du dich nicht gelangweilt», wandte sich Frank an Lena, «ich hatte ein rabenschwarzes Gewissen, daß ich dich so lange allein ließ.»

«Du brauchst dich nicht zu entschuldigen. Ich habe wundervoll geschlafen und dann im Juan unten einen Cocktail getrunken. Und weißt du, was ich entdeckt habe? Das freut dich bestimmt! Einen süßen kleinen Laden, wo es ganz frisch die schönste dicke Sahne gibt. Ich habe für jeden Tag einen Viertelliter bestellt. Das soll mein bescheidener Beitrag zum Haushalt sein.»

Lena strahlte. Offensichtlich erwartete sie begeisterten Widerhall.

«Wie lieb von dir», dankte Frank mit einem

Blick, der die Entrüstung auf dem Gesicht der Freundinnen zu beschwichtigen suchte, «aber wir verzichten auf Sahne. In diesem Klima hier schlägt sie einem auf die Galle.»

«Dann muß ich die Sahne ja ganz allein essen», meinte Lena vergnügt.

«Denken Sie nie an Ihre Figur?» fragte Arrow voll eiskalter Berechnung.

«Der Arzt riet mir, ich müsse essen.»

«Brot und Butter, Kartoffeln und Sahne?»

«Ja. Ich dachte, das sei euer einfaches Essen.»

«Da werden Sie ja zur Kugel», sagte Beatrice.

Lena lachte fröhlich.

«Keineswegs. Sehen Sie, ich werde einfach nicht dick. Ich habe immer gegessen, was mir Spaß machte, und nahm kein einziges Gramm zu.»

Die Grabesstille, die diesen Worten folgte, wurde erst durch das Eintreten des Butlers unterbrochen.

«*Mademoiselle est servie*», verkündete er.

Sie besprachen den Fall in Franks Zimmer, nachdem Lena zu Bett gegangen war. Den ganzen Abend hatten sie sich verbissen von der heitersten Seite gezeigt und sich so herzlich geneckt, daß auch der schärfste Beobachter darauf hereingefallen wäre. Aber jetzt ließen sie die Maske fallen: Beatrice schmollte, Arrow war gehässig und Frank mutlos.

«Es ist nicht angenehm, bei Tisch zusehen zu müssen, wie sie all das in sich hineinstopft, was ich besonders gerne mag», sagte Beatrice.

«Es ist für uns alle nicht angenehm», fuhr Frank auf.

«Du hättest sie eben nicht einladen sollen», warf Arrow ein.

«Das konnte ich ja nicht wissen.»

«Ich bin der Meinung, wenn sie ihren Mann wirklich geliebt hätte, würde sie jetzt kaum so viel essen», sagte Beatrice, «er ist doch erst vor zwei Monaten gestorben. Man sollte vor den Toten noch ein bißchen Respekt haben.»

«Warum kann sie nicht das gleiche essen wie wir?» fragte Arrow giftig. «Sie ist unser Gast.»

«Du hast doch gehört, was sie erzählte. Der Arzt hat ihr verordnet, sie müsse essen.»

«Dann soll sie in ein Sanatorium.»

«Frank, das hält kein Mensch aus», jammerte Beatrice.

«Wenn ich es aushalte, kannst du es auch.»

«Sie ist deine Kusine, nicht unsere», bemerkte Arrow. «Und ich will nicht vierzehn Tage dieser Frau gegenübersitzen, die sich mästet wie ein Schwein.»

«Ich finde es schrecklich ordinär, das Essen so wichtig zu nehmen», donnerte Frank mit ihrem allertiefsten Baß, «der Mensch ist doch vor allem ein geistiges Wesen.»

«Frank, findest du mich ordinär?» fragte Arrow mit blitzenden Augen.

«Natürlich nicht», begütigte Beatrice.

«Ich halte es durchaus für möglich, daß du in die Küche schleichst und dich heimlich vollfutterst, wenn wir im Bett sind.»

Frank sprang auf.

«Arrow, wie kannst du nur! Ich verlange nichts, was ich nicht selber auch leiste. Nach all den Jahren, die wir uns jetzt kennen, traust du mir eine solche Gemeinheit zu?»

«Und warum nimmst du nie ab?»

Frank schnaufte und brach in Tränen aus.

«Wie grausam von dir. Ich bin doch zahllose Pfund losgeworden!»

Sie heulte wie ein Kind, ihr gewaltiger Körper bebte, und große Tränen kullerten auf ihr Busengebirge.

«Liebes, ich hab's nicht so gemeint», rief Arrow.

Sie warf sich auf die Knie und umfing mit ihren mächtigen Armen, was sie von Frank halten konnte. Auch ihr liefen Tränen, mit Mascara vermischt, die Wangen hinab.

«Glaubst du, ich sei nicht schlanker geworden?» schluchzte Frank. «Nachdem ich so viel durchgestanden habe?»

«Doch, Frank, ganz bestimmt», gab Arrow schnüpfelnd zu. «Das fällt doch jedem auf.»

Sogar die sonst recht phlegmatische Beatrice begann leise vor sich hin zu wimmern. Es war alles so schrecklich traurig, und nur ein Herz aus Stein hätte ungerührt bleiben können, wenn Frank, diese Löwin, sich die Augen ausweinte. Aber bald trockneten die drei ihre Tränen und stärkten sich mit einem Cognac-Soda, dem für ihre Linie unschädlichsten Mix-Getränk, wie ihnen jeder Arzt versichert hatte, und fühlten sich danach viel munterer. Sie beschlossen, Lena das gute Essen zu gönnen, und gelobten einander feierlich, mit ungetrübtem Seelenfrieden dabeizusitzen. Schließlich war sie unbestreitbar eine erstklassige Bridgespielerin, und vierzehn Tage gingen auch vorbei, und sie wollten alles tun, um Lena die Ferien so angenehm wie möglich zu gestalten. Nach einem herzlichen Gutenachtkuß trennten sich die drei seltsam beschwingt: nichts sollte ihre schöne Freundschaft stören, die ihr Leben mit soviel Glück erhellt hatte.

Aber der Mensch ist schwach, man darf nicht zuviel von ihm verlangen. Sie aßen gegrillten Fisch, während sich vor Lena brutzelnde Makkaroni mit Butter und Käse auftürmten; sie aßen gegrillte Kalbsschnitzel, während Lena sich ihrer Gänseleber widmete; zweimal wöchentlich aßen sie harte Eier mit rohen Tomaten, während Lena sich an Erbsen in Sahnesauce und vielen delikaten Kartoffelspezialitäten verlustierte. Die Köchin war eine gute Köchin und nützte die Gelegenheit, ein Gericht schmackhafter, würziger und üppiger zuzubereiten als das andere.

«Armer Jim», seufzte Lena, wenn sie an ihren Mann dachte, «er hat die französische Küche so geliebt.»

Der Butler verriet, er beherrsche ein halbes Dutzend Cocktails, und Lena verhehlte nicht, daß ihr Arzt zum Mittagessen Burgunder und zum Diner Champagner empfohlen habe. Die drei dicken Damen blieben standhaft. Sie plapperten lebhaft, ja vergnügt (so hat die Natur den Frauen die Gabe der Täuschung verliehen), doch Beatrice wurde schlaff und elend, Arrows sanfte Augen glitzerten jetzt wie Stahl, und Franks Baß grollte immer heiserer. Beim Bridge schlug die Spannung Funken. Stets hatten sie ihre Partien mit Genuß diskutiert, aber in aller Freundschaft; nun schwang ein bitterer Unterton mit, und manchmal wies die eine mit unnötiger Offenheit auf einen Fehler hin. Ihre Manöverkritik wandelte sich in Rechthaberei, die Rechthaberei in Zank. Nicht selten beendeten sie ihre Runde in zornigem Schweigen. Frank warf Arrow vor, sie habe sie absichtlich im

Stich gelassen, die weichherzige Beatrice brach zwei- oder dreimal in Tränen aus, während Arrow eines Tages ihre Karten auf den Tisch schmiß und erbost aus dem Zimmer rauschte. Die drei waren mit ihren Nerven am Ende, Lena stiftete jeweils Frieden.

«Wie dumm, beim Bridge zu streiten», begütigte sie, «es ist doch bloß ein Spiel.»

Sie hatte gut reden nach einem reichlichen Essen mit einer halben Flasche Champagner. Dazu hatte sie noch sagenhaftes Glück und knöpfte den anderen alles Geld ab. Die Ergebnisse wurden allabendlich in einem Heft festgehalten, und Lenas Konto stieg mit unfehlbarer Regelmäßigkeit von Tag zu Tag. Gab es denn keine Gerechtigkeit mehr auf dieser Welt? Sie fingen an, einander zu hassen. Und obwohl sie auch Lena haßten, konnten sie dem Drang, ihr das Herz auszuschütten, nicht widerstehen. Eine nach der andern suchte sie auf und erzählte ihr, wie sie die übrigen beiden verabscheue. Arrow meinte, es täte ihr gewiß nicht gut, dauernd mit so viel älteren Frauen zusammenzusitzen, sie hätte gute Lust, ihren Anteil an der Miete in den Kamin zu schreiben und für den Rest des Sommers nach Venedig zu fahren. Frank gestand, ihr männlicher Intellekt sei mit der Gesellschaft einer so frivolen Person wie Arrow und einem so offenkundigen Dummerchen wie Beatrice nicht ausgefüllt.

«Ich muß mich mit jemand gescheit unterhalten können», posaunte sie, «bei meinem Verstand brauche ich den Umgang mit geistig Ebenbürtigen.»

Beatrice sehnte sich nur nach Ruhe und Frieden.

«Ich kann Frauen nicht ausstehen», sagte sie zu Lena, «sie sind so unzuverlässig, so heimtückisch.»

Als sich Lenas zweiwöchiger Aufenthalt dem Ende zuneigte, sprachen die drei dicken Damen kaum noch miteinander. Vor Lena wahrten sie den Schein, unter sich verzichteten sie jedoch darauf. Übers Streiten waren sie weit hinaus: sie ignorierten einander, und wenn dies nicht anging, befleißigten sie sich eines eisighöflichen Tons.

Lena besuchte noch Freunde an der italienischen Riviera, und Frank brachte sie zu dem Zug, mit dem sie gekommen war. Sie nahm eine Menge Geld von den drei Freundinnen mit.

«Ich weiß nicht, wie ich dir danken soll», sagte Lena, als sie in ihr Abteil stieg, «für mich waren es zauberhafte Ferien.»

Zwar erfüllte Frank Hickson mit tiefem Stolz, daß sie es mit jedem Mann aufnahm, aber mit noch größerem Stolz zählte sie zu den weiblichen Kavalieren, und ihre Antwort verband vollendete Anmut mit Würde.

«Wir fanden es alle reizend, dich bei uns zu haben, Lena», erwiderte sie, «es war uns eine große Freude.»

Doch als sie dem abfahrenden Zug den Rükken drehte, seufzte sie vor Erleichterung so tief auf, daß der Bahnsteig unter ihr bebte. Dann straffte sie ihre gewaltigen Schultern und marschierte heim zur Villa.

«Uff!» stieß sie von Zeit zu Zeit hervor, «uff!»

Sie zog ihren einteiligen Badeanzug an und Sandalen, warf einen Männerbademantel – warum schließlich nicht? – um und wanderte zum Eden Roc. Es reichte noch zu einem Bad vor dem Mittagessen. Im Affenkäfig schaute sie sich um, ob sie Bekannte träfe, denn ihr war plötzlich so menschenfreundlich zumute – als sie zur Salzsäule erstarrte. Sie traute ihren Augen nicht: ganz allein saß Beatrice an einem Tischchen in dem eleganten, ein oder zwei Tage zuvor bei Molyneux erstandenen Strandanzug; dazu trug sie ihre Perlen, und Franks scharfem Blick entging auch nicht, daß ihr der Friseur soeben kunstvoll die Haare gerichtet und daß sie sich ein neues Make-up zugelegt hatte. Trotz ihres gewaltigen, ja überwältigenden Umfangs war Beatrice zweifellos eine auffallend hübsche Frau. Doch was tat sie bloß? In ihrem typischen Neandertalerschritt latschte Frank zu ihr hin; sie glich in ihrem schwarzen Badeanzug einem der riesigen Walfische, welche die Japaner in der Torres-Straße zu jagen pflegen und die im Volksmund Walroß heißen.

«Beatrice, was machst du da?» rief sie. Es klang wie Donnergrollen in den fernen Bergen. Beatrice blickte kühl auf.

«Essen», antwortete sie.

«Verdammt noch mal, das sieht doch ein Blinder.»

Vor Beatrice standen ein Körbchen voll Croissants, Butter, Erdbeermarmelade und ein Kännchen mit Sahne. Hingegeben schmierte sie Butter auf das leckere warme Brot, klatschte Marmelade darauf und übergoß das Ganze mit dicker Sahne.

«Du bringst dich um», bemerkte Frank spitz.

«Das ist mir egal», muffelte Beatrice mit vollem Mund.

«Du wirst kiloweise zunehmen!»

«Scher dich zum Teufel!»

Sie lachte Frank glatt ins Gesicht. Meine Güte, wie verführerisch diese Croissants rochen.

«Beatrice, du enttäuschst mich, ich hätte mehr Charakterstärke von dir erwartet.»

«Du bist schuld, du hast dieses abscheuliche Frauenzimmer eingeladen. Vierzehn Tage lang habe ich mit angesehen, wie sie sich den Bauch vollschlagen konnte. Das hält kein Mensch aus. Ich will einmal anständig essen, und wenn ich platze!»

Frank traten Tränen in die Augen. Plötzlich war sie nur noch ein ganz schwaches Weib und sehnte sich nach einem starken Mann, der sie auf den Schoß nahm und streichelte und wie ein Kind mit zärtlichen Kosenamen tröstete. Stumm sank sie neben Beatrice auf einen Stuhl. Ein Ober eilte herzu. Mit tragischer Gebärde deutete sie auf den Kaffee und die Croissants.

«Bringen Sie mir das gleiche», seufzte sie. Als sie matt nach einem Hörnchen langte, riß ihr Beatrice das Körbchen weg. «Laß das», sagte sie, «und warte, bis deine Sachen kommen.» Frank titulierte sie mit einem Ausdruck, den Damen selten aus Zuneigung unter sich verwenden. Einen Augenblick später stellte der Ober Croissants, Butter, Marmelade und Kaffee vor sie hin.

«Idiot, wo bleibt die Sahne?» brüllte Frank wie eine gereizte Löwin.

Sie stürzte sich gierig auf das Essen.

Allmählich füllte sich der Affenkäfig mit Feriengästen, die sich einen oder zwei Cocktails gönnten, nachdem sie die Sonne und das Meer pflichtschuldigst absolviert hatten. Auch Arrow schlenderte herein mit Fürst Roccamare. Sie trug eine wundervolle Seidenstola, die sie mit einer Hand eng zusammenraffte, um möglichst schlank zu erscheinen, und reckte den Kopf hoch, damit ihrem Begleiter das Doppelkinn nicht auffalle. Sie lachte fröhlich und kam sich wie ein junges Mädchen vor, er hatte ihr eben – auf italienisch – zugeflüstert, im Vergleich zu ihren blauen Augen sei das Mittelmeer bloß eine Erbsensuppe. Dann entschwand er in den Herrenwaschraum, um sein öliges schwarzes Haar zu kämmen, sie hatten sich in fünf Minuten zu einem Drink verabredet. Arrow steuerte auf die Damengarderobe zu, um etwas Rouge aufzulegen und ihre Lippen nachzuziehen, als sie Frank und Beatrice erblickte. Wie vom Blitz getroffen blieb sie stehen. Sie traute ihren Augen nicht.

«Großer Gott!» rief sie. «Ihr widerlichen Fresser!» Sie griff nach einem Stuhl. «Ober!»

Ihr Rendezvous hatte sie schlankweg vergessen. Schon stand der Ober bereit.

«Bringen Sie mir das gleiche wie diesen beiden Damen.»

Frank hob ihr schweres Haupt und schaute vom Teller auf: «Und mir eine Portion Gänseleber.»

«Frank!» schrie Beatrice.

«Halt den Mund.»

«Bitte. Mir auch eine Portion.»

Der Ober schleppte Kaffee, warme Hörnchen, Sahne und Gänseleber an, und die drei fielen darüber her. Sie tunkten die Gänseleber in Sahne, schaufelten Marmelade mit dem Löffel, zermalmten krachend das knusprige Brot. Was bedeutete Arrow noch die Liebe? Der Fürst mit seinem Palast in Rom und dem Schloß im Apennin konnte ihr gestohlen bleiben. Keine sagte ein Wort, dafür war ihre Beschäftigung viel zu ernst: in feierlicher, inbrünstiger Verzückung widmeten sie sich dem Essen.

«Ich habe seit fünfundzwanzig Jahren keine Kartoffeln gegessen», bemerkte Frank träumerisch.

«Ober!» rief Beatrice, «drei Portionen Pommes frites.»

«Très bien, Madame.»

Die Pommes frites standen auf dem Tisch

und dufteten verlockender als alle Wohlgerüche Arabiens. Sie langten mit den Fingern zu.

«Einen Martini Dry!» schmetterte Arrow.

«Aber Arrow, mitten im Essen einen Martini? Das geht doch nicht», sagte Frank.

«Warum nicht? Warte nur ab.»

«Wie du willst. Mir einen doppelten.»

«Bringen Sie drei doppelte Martini Dry», entschied Beatrice.

Sie leerten ihr Glas in einem Zug und blickten sich aufseufzend an. Die Mißverständnisse der letzten vierzehn Tage schmolzen dahin, und die aufrichtige Zuneigung, die sie miteinander verband, füllte wieder ihr Herz. Sie konnten es kaum glauben, daß sie je eine Freundschaft hatten aufkündigen wollen, die ihnen so viel handfeste Zufriedenheit schenkte. Sie verzehrten die letzten Pommes frites.

«Ob es hier Schokolade-Eclairs gibt?» fragte Beatrice.

«Natürlich!»

Es gab sie. Frank stopfte ein ganzes Eclair in ihren riesigen Schlund, schluckte es hinunter und griff nach dem nächsten. Bevor sie es verschlang, stieß sie mit einem Blick auf ihre beiden Gefährtinnen den rächenden Dolch in die Brust dieser gräßlichen Lena.

«Ihr könnt sagen, was ihr wollt, aber ihr Bridge war wirklich miserabel.»

«Ganz schäbig», stimmte Arrow zu.

Doch Beatrice fiel plötzlich ein, sie könnte eine Meringue essen.

T. Coraghessan Boyle

Wenn der Fluß voll Whisky wär

Das Wasser war ein Herzschlag, ein Pulsieren, es nahm ihm die Wärme aus dem Körper und pumpte sie in sein Gehirn. Unter der Oberfläche, vergrößert durch das schimmernde Glas seiner Taucherbrille, waren Schwärme silbriger Fische, Wälder von grünem Kraut, eine Stille, die nur vom fernen, hämmernden Brummen eines Außenborders gebrochen wurde. Oben war die Sonne, das weiße Aufblitzen eines Segelboots in weiter Ferne, die verwitterte Pier mit dem verwitterten Ruderboot, seine Mutter in ihrem Liegestuhl und das gewaltige unermeßlich tiefe Grün der Welt dahinter.

Er tauchte auf wie ein Delphin, prustete Wasser aus dem Schnorchel und kraulte zurück zur Pier. Der halbe See ging mit ihm an Land, zwei knochige Arme packten zu, ein Fuß wurde zum Hebel, dann ein mächtiges, hievendes Klatschen, und er lag flach auf der Pier wie etwas, was der Sturm an Land geworfen hat. Und dann, ohne sich Zeit zum Abtrocknen zu gönnen, nahm er die Angelrute in die Hand. Der silberne Blinker zischte hinaus aufs Wasser und teilte die Oberfläche genau an der dunklen Stelle, die er in Gedanken angepeilt hatte. Das Klatschen ließ seine Mutter aufblicken. «Tiller», rief sie, «komm und hol dir ein Handtuch.»

Seine Schultern zitterten. Er kauerte sich zusammen und stampfte mit den Füßen, aber die Angelschnur ließ er nicht aus den Augen. Er ließ sie verführerisch zucken und ließ sie mit jenen nervösen, zögernden Bewegungen tanzen, die einen Hecht zum Wahnsinn treiben konnten. Jedenfalls hatte er das gelesen.

«Tiller, hast du nicht gehört?»

«Ich hab einen Kettenhecht gesehen», sagte er. «Einen riesengroßen. Über einen halben Meter lang.»

Der Blinkerlöffel tauchte ein. Mit einer Drehung des Handgelenks zog er ihn zurück. Er holte die Schnur ein und legte den Kopf schief, um sich die Nase an der nassen Schulter abzuwischen. Er spürte jetzt die Sonne im Nacken, und er stellte sich den Blinker im Wasser vor, rundlich, sinnlich, unwiderstehlich, und er wartete darauf, daß die Schnur sich beim Anbiß spannte.

Die Veranda roch noch Kiefernholz – altem Holz, ausgetrocknet und tot –, und das deprimierte ihn. Im Grunde deprimierte ihn alles – vor allem dieser Urlaub. Urlaub. Es war ein Witz. Urlaub wovon denn?

Er goß sich einen Drink ein – Wodka mit Soda, einen großen, aus der Zweiliter-Plastikflasche. Es war noch nicht Mittag, das Frühstücksgeschirr lag in der Spüle, und Tiller und Caroline waren unten am See. Er konnte sie durch den Vorhang der Bäume nicht sehen, aber er hörte das Gemurmel ihrer Stimmen durch das Ächzen der Zweige und den Trauergesang der Vögel. Er ließ sich schwer in den knackenden Korbstuhl fallen und blickte ins Leere hinaus. Er fühlte sich nicht besonders gut. Im Grunde fühlte er sich ausgehöhlt und vertrocknet, als hätte ihm jemand einen Pfeifenreiniger durch die Adern gezogen. Auch sein Kopf tat ihm weh, aber das würde vom Wodka schon weggehen. Wenn er den ausgetrunken hatte, konnte er sich noch einen machen, und dann vielleicht einen Schinken-Käse-Vollkorntoast. Dann würde es ihm bestimmt besser gehen.

Sein Vater redete mit dem Mann, und seine Mutter redete mit der Frau. Sie hatten sich vor etwa zwanzig Drinks an der Bar kennengelernt, und sein Vater spulte sein übliches Ding ab, was alles hätte-sein-können und hätte-sein-sollen in der schönen, guten alten Zeit, während der Mann, Halbglatze, ausgefranster Bart und langes, fettiges Haar wie sein Vater, bemüht war, die Unterhaltung wieder zurück zum Baustoffhandel zu lenken. Die Frau hatte ganze Galaxien von Sommersprossen auf der Brust, und sie beugte sich in ihrem Strandkleid vor und erzählte skandalöse Geschichten über Leute, von denen seine Mutter noch nie gehört hatte. Tiller hatte mehr Cola getrunken und Pistazien gegessen, als er vertragen konnte. Er sah zu, wie die Neon-Bierreklame von «Pabst Blue Ribbon» über dem Tresen an- und ausging, und er sah zu, wie die Sommersprossen der Frau in dem Einschnitt zwischen ihren Büsten auf und nieder wogten. Draußen war es dunkel, und ein kühler, sauberer Geruch wehte über den See heran.

«Hm, äh, ja», sagte sein Vater gerade, «in der To the Bone Band. Ich war die Rhythmusgitarre und hab mich mit Dillie Richards beim Singen abgewechselt …»

Der Mann hatte noch nie von Dillie Richards gehört.

«Ein Schwarzer, hat mal mit Taj Mahal gespielt.»

«Der Mann hatte noch nie von Taj Mahal gehört.

«Na, jedenfalls», sagte sein Vater, «wir haben lauter echt abgefahrene Nummern gebracht, von Leuten wie Muddy Waters, Howlin' Wolf, Luther Allison –»

Die Frau kippte ihren Drink, nickte heftig,

und das Dekolleté ihres Kleids geriet total aus den Fugen. Tiller beobachtete sie und spürte, wie die Haut auf seinen Schultern und im Nakken spannte, wo er sich am ersten Tag einen Sonnenbrand geholt hatte. Er trug keine Unterhose, nur seine Shorts. Er wandte den Blick ab. «Drei Abtreibungen, zwei Kinder», sagte die Frau. «Und sie hat nie erfahren, wer der Vater des zweiten war.»

«Leichtbauwände sind der letzte Dreck», sagte der Mann. «Aber was soll man sonst machen?»

«Holzverkleidung?» schlug sein Vater vor.

Der Mann ließ die flache Hand durch die Luft sausen. Er machte ein verärgertes Gesicht. «Kommen Sie mir bloß nicht mit Holzverkleidung.»

Morgens, wenn seine Eltern noch schliefen und der See ruhig dalag, ruderte er immer zu der schilfigen Bucht auf der anderen Seite hinüber, wo die großen Hechte waren. Er wußte nicht, ob sie wirklich dort waren, aber wenn sie irgendwo waren, dann bestimmt dort. Es war eine fischig kühle, geheimnisvolle Stelle, an der versunkene Stämme düster im Schatten unter dem Boot dräuten und Nebelschwaden wie Dampf aufstiegen, als würde der Seeboden nur so brodeln vor gefräßigen Mörderhechten mit kalten Augen, die mit einem Schnappen der Kiefer jede Monofil-Angelschnur kappen und junge Entlein auf einen Satz verschlingen konnten. Außerdem hatte Joe Matochik, der alte Mann in der Hütte nebenan, der Frösche verzaubern konnte, indem er ihnen den Bauch streichelte, ihm gesagt, daß dies die Stelle war, wo er Hechte finden würde.

Frühmorgens war es kalt, und er trug einen dicken, handgestrickten Pullover über dem T-Shirt und den Shorts, und manchmal zog er den ausgeleierten Bund weit hinunter wie einen Rock, um sich die Oberschenkel zu wärmen. Meist nahm er einen Apfel oder ein Erdnußbuttersandwich mit. Und natürlich die orange Schwimmweste, weil seine Mutter darauf bestand.

Beim Ablegen von der Pier trug er stets die

Schwimmweste – der Form halber und weil ihm damit in der frischen Morgenluft einfach wärmer war. Doch wenn er ankam, wenn er in dem schwankenden Trog des Ruderboots stand, um seine Hula-Popper oder die Abu-Relfex auszuwerfen, war sie ihm im Weg, und er zog sie aus. Später, wenn die Sonne ihn durchströmte und er auch den Pullover nicht mehr brauchte, legte er ihn neben sich auf die Bank, und manchmal, wenn es wirklich schön warm wurde, streifte er auch T-Shirt und Shorts ab. In der kleinen Bucht konnte ihn niemand sehen, und sein Atem ging dann etwas rascher, wenn er so nackt in der Morgensonne dastand.

«Ich hab gehört, was du da gesagt hast!» schrie er, und er spürte, wie ihm die Adern am Hals hervortraten, wie die Wut in ihm aufstieg wie etwas, das tot und vergessen war und nun wieder zum Leben erwachte. «Also wirklich, wie kannst du denn dem Jungen so was sagen? Über seinen eigenen Vater?»

Sie antwortete nicht. Sie war in eine Ecke der

Küche zurückgewichen und antwortete nicht. Und was sollte sie auch sagen, die Schlampe? Er hatte sie gehört. Hatte auf dem Notbett unter der Treppe gedöst, lechzte nach einem Drink, war aber zu schlaff, um aufzustehen und sich einen zu mixen, bis er die Stimmen aus der Küche gehört hatte, ihre Stimme und Tillers. «Mußt dich eben damit abfinden», sagte sie, «er ist ein Säufer, dein Vater ist ein Säufer», und dann war er aus dem Bett gesprungen, als wäre etwas in ihm explodiert, und er packte sie an den Schultern – immer nur die Schultern, niemals ins Gesicht, das zumindest hatte sie ihm beigebracht –, und Tiller war verschwunden, zur Tür hinaus und weg. Leise und gepreßt, mit einem schiefen, schuldbewußten Lächeln auf den Lippen, flüsterte sie jetzt: «Es ist doch wahr.»

«Du mußt gerade reden – bist ja selber dauernd blau.» Sie wich vor ihm zurück, das schiefe Lächeln auf den Lippen, die Schultern hochgezogen. Er wollte etwas zerschlagen, den verfluchten Herd kaputttreten, ihr weh tun.

«Ich hab wenigstens einen Job», sagte sie.

«Ich find schon wieder einen, mach dir da keine Sorgen.»

«Und was ist mit Tiller? Wir sind seit zwei Wochen hier, und du hast noch nichts mit ihm unternommen, nichts, null. Du bist noch nicht mal unten am See gewesen. Fünfzig Meter, und du warst kein einziges Mal dort.» Sie kam jetzt aus der Ecke heraus, machte Finten wie ein Boxer, mit bösem Blick, die harten kleinen Fäuste geballt, um auf ihn einzuprügeln. Sie fauchte ihn an: «Was bist du nur für ein Vater?»

«Er stieß sie beiseite, riß den Schrank auf und griff sich die erstbeste Flasche. Es war Whisky, billiger Whisky, Four Roses, der Dreck, den sie trank. Er goß sich ein halbes Wasserglas voll und kippte es hinunter, um sie zu provozieren. «Ich hasse den Strand, die Boote, das Wasser, die Bäume. Ich hasse dich.»

Sie hatte ihre Handtasche gepackt und war schon halb durch die Fliegentür hindurch. Eine Sekunde lang hielt sie inne und sah ihn an, als hätte sie in etwas Verfaultes gebissen. «Das beruht auf Gegenseitigkeit», sagte sie, dann knallte sie die Tür hinter sich zu.

Es war alles zu kompliziert, es gab zu viele Dinge, die zwischen ihm und dem Augenblick standen, und er versuchte, nicht darüber nachzudenken. Er wollte nicht über seinen Vater nachdenken – und über seine Mutter auch nicht –, so wie er nicht an die Bilder der kahlköpfigen, streichholzdünnen Menschen in Afrika denken wollte oder an Fleisch in Plastikfolie und daran, wie es dort hingekommen war. Aber wenn er doch einmal an seinen Vater dachte, dann ging ihm der Tag mit dem Whisky-Fluß durch den Kopf.

Es war an einem Dienstag oder Mittwoch gewesen, irgendwann mitten in der Woche; als er aus der Schule kam, waren die Vorhänge im Haus zugezogen, und der Wagen seines Vaters stand in der Einfahrt. Von der Tür aus hörte er das *plink-plink* der Saiten und ein krächzendes, nasales Jaulen, das ihm fremd vorkam. Sein Vater saß im Dunklen über die Gitarre gebeugt da, die Haare hingen ihm ins Gesicht. Eine offene Flasche Whisky stand auf dem Couchtisch, daneben eine Batterie von Bierflaschen. Im Zimmer stank es nach Rauch.

Das war merkwürdig, denn sein Vater spielte nur noch selten Gitarre – er sprach hauptsächlich darüber. Und zwar in der Vergangenheit. Ebenso merkwürdig – und beunruhigend – fand er, daß sein Vater nicht arbeiten gegangen war. Tiller ließ seine Mappe auf den Telefontisch fallen. «Hallo, Dad», sagte er.

Sein Vater antwortete nicht. Saß nur über die Gitarre gebeugt da und spielte den gleichen Song, immer wieder, als wäre es der einzige, den er kannte. Tiller setzte sich aufs Sofa und hörte zu. Der Song hatte eine Strophe – eine einzige –, und sein Vater wiederholte sie drei- oder viermal, ehe er leiser wurde und nur vor sich hin summte oder murmelte, danach sang er wieder den Text. Beim vierten Mal verstand ihn Tiller.

Wenn der Fluß voll Whisky wär,
dann bräucht ich keinen kaufen;
ich könnte dann 'ne Ente sein
und tät beim Schwimmen saufen.

Eine halbe Stunde lang spielte sein Vater diesen Song, spielte ihn so lange, bis alles andere merkwürdig geklungen hätte. Als er endlich aufhörte, griff er nach der Flasche, und dabei bemerkte er Tiller. Er sah überrascht aus. Er sah aus, als wäre er eben erwacht. «Hallo, Tiller, du Ladykiller», sagte er und nahm einen Schluck aus der Flasche.

Tiller wurde rot. Sie hatten eine Tanzparty in der Schule gehabt, und Janet Rumery hatte ihn gebeten, mit ihr hinzugehen. Seitdem nannte ihn sein Vater andauernd Ladykiller, und obwohl er nicht ganz sicher war, was das hieß, wurde er dabei jedesmal rot, nur wegen des Tonfalls. Insgeheim gefiel es ihm. «Der Song hat mir gut gefallen, Dad», sagte er.

«So?» Sein Vater runzelte die Stirn und zog ein Gesicht. «Bist also zum Frauchen heimgekommen, was? Da», sagte er und hielt ihm ein Bier hin. «Schon mal so was probiert, Ladykiller Tiller?» Er grinste. Sein Hemdsärmel war eingerissen, der Ellbogen aufgeschürft, und an der Brusttasche klebte ein kleiner, harter Klumpen Blut. «Mit deinen Kumpels aus der sechsten, hinter dem Handballfeld vielleicht? Na?»

Tiller schüttelte den Kopf.

«Willst du eins? Na los doch, nimm einen Schluck.»

Tiller nahm die Flasche und nippte versuchsweise. Es schmeckte nicht besonders. Er sah seinen Vater an. «Was sollte das bedeuten?» fragte er. «Dein Lied, meine ich – was du vorhin gesungen hast. Das mit dem Whisky und so.»

Sein Vater grinste ihn langsam und lange an und nahm einen Schluck aus der großen Flasche Whisky. «Ich weiß nicht», sagte er schließlich, und sein Grinsen wurde breiter, so daß seine vom Tabak verfärbten Zähne zu sehen waren. «Der trank wahrscheinlich einfach gern Whisky, das ist alles.» Er nahm sich eine Zigarette und wollte sie anzünden, aber dann legte er sie wieder weg. «He», sagte er, «willst du's mit mir zusammen singen?»

Na gut, sie hatte ihn genervt, sie hatte ihn bedroht, und sie würde ihn verlassen, das war ihm sonnenklar. Aber er würde es ihr zeigen. Und dem Jungen auch. Er würde nichts trinken. Heute nicht. Keinen Tropfen.

Er stand mit den Händen in den Taschen auf der Pier, während Tiller mit den Angelruten, den Rudern und dem ganzen Zeug herumklapperte. Vögel kreischten in den Bäumen, und in der Luft lag ein Geruch nach Diesel. Die Sonne stach ihm in den Kopf wie ein Messer. Ihm war jetzt schon übel.

«Ich geb dir die große Rute, Dad, und du kannst auch rudern, wenn du willst.»

Vorsichtig stieg er in das Boot, und es wich unter ihm zurück wie der Eingang zu einem bodenlosen Schacht.

«Ich hab uns Eiersalat gemacht, Dad, dein Lieblingsessen. Und ein paar Flaschen Malzbier hab ich auch mitgenommen.»

Er ruderte. Der See brodelte unter ihnen, der Wind wehte den Gestank von an Land gespültem Zeug herüber, und die verfluchten Ruder rutschten ständig aus den Dollen, und er ruderte. In letzter Minute hatte er noch schnell auf einen kurzen Drink zurückgehen wollen, aber er hatte es nicht getan, und jetzt ruderte er.

«Wir werden einen Hecht fangen», sagte Tiller, der wie eine Spinne im Heck hockte.

Wasser spritzte auf. Er ruderte. Er fühlte sich elend. Elend und deprimiert.

«Wir werden einen Hecht fangen, ich spür's. Ich weiß, daß wir einen fangen», sagte Tiller. «Ich weiß es. Ich weiß es einfach.»

Es war zuviel für ihn, das alles auf einmal – die Sonne, die Brise, die so süß duftete, daß er sie schmecken konnte, das einmalige Erlebnis, seinen Vater rudern zu sehen, mit bleichen Armen, eine ausgegangene Zigarette zwischen die Zähne geklemmt, das schaukelnde Boot, das Gezwitscher der Vögel –, und er schloß eine Weile die Augen, damit ihm nicht vor Freude über all das schwindlig wurde. Schon waren sie im tiefen Wasser. Tiller hatte eine Schleppangel mit Spinner und Gummiwurm ausgeworfen, für alle Fälle, aber er hatte nicht viel Hoffnung, hier draußen etwas zu fangen. Er brachte seinen Vater zu der Bucht mit den versunkenen Stämmen und den Wasserpflanzenwäldern – da würden sie sich näherkommen, da würden sie Hechte fangen.

«Mannomann», sagte sein Vater, als Tiller ihn beim Rudern ablöste. Mit zitternden Händen kauerte er im Heck und versuchte, sich eine Zigarette anzuzünden. Sein Gesicht war grau, und das Haar flatterte ihm wie verrückt um den Kopf. Er verbrauchte ein halbes Briefchen Streichhölzer und warf dann die Zigarette ins Wasser. «Wo ruderst du überhaupt hin?» fragte er. «Zum Indischen Ozean?»

«In die Hechtbucht!» erwiderte Tiller. «Da wird's dir gefallen, wart's ab.»

Die Sonne versank hinter den Bergen, als sie ankamen, und das Wasser verfärbte sich von blau zu grau. In der Bucht ging kein Wind. Tiller ließ das Boot über die stille Wasserfläche gleiten, während sein Vater es endlich schaffte, eine Zigarette anzuzünden, dann gingen sie vor Anker. Er war aufgeregt. Schwalben flitzten übers Wasser, Ochsenfrösche rülpsten im Schilf. Es war die perfekte Zeit zum Angeln, die Stunde, in der die riesigen Hechte zwischen den versunkenen Stämmen auf Jagd gingen.

«Also gut», sagte sein Vater, «ich werde jetzt den dicksten Fisch im ganzen See hier fangen», dabei riß er den Arm zurück und warf die Rute aus, die mit dem schwersten Senker aus der Fliegendose behängt war. Die Schnur sauste durch die Ringe, dann gab es ein höllisch lautes Klatschen, das jeden Hecht im Umkreis von einer halben Meile in Panik versetzen mußte. Tiller sah über die Schulter, während er seinen silbernen Löffelblinker einholte. Sein Vater zwinkerte ihm zu, aber er wirkte verbissen.

Es wurde dunkel, seinem Vater waren die Zigaretten ausgegangen, und Tiller hatte den Blinker so oft ausgeworfen, daß ihm der Arm weh tat, als plötzlich die große Rute wackelte. «Dad! Dad!» rief Tiller, und sein Vater fuhr hoch, als hätte er ein Messer zwischen die Rippen bekommen. Er hatte gedöst, die Angelrute war im Dollbord verkeilt, und Tiller hatte die langen Kummerfalten im Gesicht seines Vaters studiert, die Runzeln auf seiner Stirn und die aufgedunsene, verfärbte Haut unter den Augen. Mit seinem Bart, den langen Haaren und der zerknitterten Leidensmiene ähnelte er stark dem gekreuzigten Christus in der Kirche, den Tiller schon hundertmal betrachtet hatte. Jetzt aber zuckte die Rute, und sein Vater packte sie, und er hatte einen Fisch an der Angel, einen großen Fisch, die Spitze der Rute bog sich und tauchte ins Wasser ein. «Es ist ein Hecht, das, es ist ein Hecht!»

Sein Vater hielt krampfhaft die Angel fest. Er gab nur ein Knurren von sich, aber Tiller sah etwas in seinem Blick, das er kaum noch bei ihm kannte, so etwas wie Begeisterung, Energie, als schickte ihm der Fisch elektrischen Strom durch die Schnur, durch die Angelrute, durch die Hände und den Körper bis ins Gehirn. Volle drei Minuten lang kämpfte er mit dem Fisch, die Zigarette zwischen die Lippen geklemmt, die kümmerlichen Oberarmmuskeln angespannt, während Tiller neben ihm mit dem Kescher bereitstand. Es spritzte und klatschte, dann war das Vieh im Netz, und Tiller hob es über den Dollbord ins Boot hinein. «Es ist ein

Hecht», sagte sein Vater, «verdammt noch mal, guck dir das Ding an, guck dir an, wie groß es ist.»

Es war kein Hecht. Tiller hatte einmal Joe Matochik abends an der Pier einen fangen sehen. Joes Hecht hatte gefährlich ausgesehen, das Maul voller Zähne, ein langes, schmales, spitz zulaufendes Wesen aus Muskeln und um sich schlagendem Leben. Das hier war kein Hecht. Es war ein Karpfen. Ein fetter, stumpfmäuliger, stinkender, häßlicher Teichkarpfen. Ein Scheißfisch. Die ortsansässigen Fischer schossen sie mit Pfeilen ab und warfen sie dann zum Verrotten ans Ufer. Tiller sah seinen Vater an und hätte am liebsten geweint.

«Es ist ein Hecht», sagte sein Vater, und das Etwas war aus seinem Blick verschwunden, schon war es wieder vorbei, «es ist ein Hecht. Oder nicht?»

Es war spät – zwei Uhr vorbei jedenfalls –, und er war betrunken. Nein, er war jenseits des Rauschs. Er hatte seit dem Morgen getrunken, einen großen Wodka mit Soda nach dem anderen, und er spürte überhaupt nichts. Er saß im Dunkeln auf der Veranda und konnte den See nicht sehen, konnte ihn nicht hören, konnte ihn nicht einmal riechen. Caroline und Tiller schliefen. Das Haus war totenstill.

Caroline würde ihn verlassen, und das hieß, daß Tiller ihn verlassen würde. Er wußte es. Er sah es in ihren Augen, und er hörte es an ihrer Stimme. Sie war einmal sanft gewesen, seine Geliebte mit den sanften Augen, und jetzt war sie hart, unnachgiebig, jetzt war sie seine ärgste Feindin. Am frühen Abend hatten sie das Ehepaar vom Rasthaus zu ein paar Drinks und einem Imbiß eingeladen, und er hatte sich über den Tisch gebeugt, um dem Mann etwas zu erzählen – Ed, so hatte er geheißen –, bloß einen Witz, nichts Ernstes, nur so zur Konversation. «Wodka mit Soda», hatte er gesagt, «das ist mein Drink. Früher hab ich Wodka mit Grapefruitsaft getrunken, aber das hat mir den Magen zerfressen.» Da war Caroline, die vorher nicht einmal zugehört hatte, mit der Bemerkung eingeschritten: «Ja, ja, und das da –», hier zeigte sie auf sein Glas, «– hat dir das Hirn zerfressen.» Er hatte sie angesehen. Sie hatte nicht gelacht.

Also schön. So war es eben. Was kümmerte es ihn schon? Er hatte sowieso nicht herkommen wollen – es war die Idee seines Vaters gewesen. Fahrt für einen Monat in die Hütte, hatte der Alte sich eingemischt, typisch war das für ihn, dann wird die Welt gleich anders aussehen. Na, bei ihm würde jedenfalls nichts anders werden, und sie konnten alle zur Hölle fahren.

Nach einer Weile fröstelte ihn; er erhob sich und ging ins Bett. Caroline sagte etwas im Schlaf und rückte von ihm weg, als er die Decke anhob und hineinschlüpfte. Er lag noch ein paar Minuten lang wach und fühlte sich deprimiert, so deprimiert, daß er wünschte, jemand möge hereinkommen und ihn erschießen, und dann war er eingeschlafen.

In seinem Traum war er mit Tiller im Ruderboot draußen. Der Wind blies heftig, seine Hände zitterten, er schaffte es nicht, sich eine Zigarette anzuzünden. Tiller beobachtete ihn. Er legte sich in die Riemen, und nichts geschah.

Dann, auf einmal, sanken sie in die Tiefe, das Boot wurde unter ihnen weggerissen, das Wasser war eisig und schwarz, schlug über ihnen zusammen, als wäre es lebendig. Tiller rief nach ihm. Er sah das Gesicht seines Sohnes, sah ihn in die Tiefe sinken, und er konnte nichts dagegen tun.

Margaret Atwood

Scharlachroter Ibis

Vor ein paar Jahren fuhr Christine mit Don nach Trinidad. Sie nahmen Lilian mit, ihr jüngstes Kind, das damals vier war. Die anderen, die in die Schule gingen, blieben bei ihrer Großmutter.

Christine und Don saßen neben dem Schwimmbecken des Hotels in der feuchten Hitze, tranken Rumpunsch und aßen komisch schmeckende Hamburger. Lilian wollte die ganze Zeit im Wasser sein – sie konnte schon ein bißchen schwimmen –, aber Christine hielt es für keine gute Idee, wegen der Sonne. Christine rieb sich die Nase mit einem Sonnenschutzmittel ein und auch die Nasen von Lilian und Don. Sie hatte das Gefühl, daß ihre Beine zu weiß waren und daß die Leute sie ansahen und ein bißchen lächerlich fanden wegen ihrer rosig-weißen Haut und dem großen Hut, den sie aufhatte. Höchstwahrscheinlich hatten die jungen schwarzen Kellner, die den Rumpunsch und die Hamburger brachten, die leichtfüßig durch die Sonne gingen, ohne sie groß zu beachten, die untereinander Späße rissen, aber eine ernste Miene aufsetzten, wenn sie die Gläser und Teller hinstellten, sie schon irgendeiner Kategorie zugeordnet, einer, die mit Fett zu tun hatte, obwohl sie nicht direkt fett war. Sie sagte zu Don, daß er vielleicht zuviel Trinkgeld gebe. Don sagte, er sei müde.

«Du warst schon vorher müde», sagte Christine. «Deshalb sind wir ja hier, weißt du noch? Damit du dich ein bißchen ausruhen kannst.»

Don legte sich nachmittags immer hin, lag in ihrem Doppelbettzimmer auf dem Rücken ausgestreckt auf dem einen der beiden Betten – Lilian hatte ein Klappbett – mit leicht geöffnetem Mund, während seine Gesichtshaut durch die Schwerkraft nach unten und zu den Ohren hin gezogen wurde, so daß er in dieser Stellung straffer, schmaler und adlerhafter aussah als sonst. Mehr wie ein Toter, dachte Christine und schaute genauer hin. Menschen, die auf dem

Rücken in Särgen lagen, sahen – ihrer begrenzten Erfahrung nach – gewöhnlich so aus, als hätten sie an Gewicht verloren. Dieses Bild von Don in einem Sarg war ihr in letzter Zeit beunruhigend oft durch den Kopf gegangen.

Es war aussichtslos, zu hoffen, daß Lilian auch ein Mittagsschläfchen absolvieren würde, deshalb ging Christine mit ihr hinunter zum Swimmingpool oder versuchte sie still zu halten, indem sie zusammen mit ihr mit Leuchtstiften malte. In diesem Alter malte Lilian immer nur Frauen und Mädchen, die modisch gekleidet waren, mit weiten Röcken und einer Menge Schmuck. Sie lächelten immer und hatten rote, geschwungene Münder und unnatürlich lange dicke Augenwimpern. Sie standen auf keinem Boden – Lilian malte noch keinen Boden in ihren Bildern –, sondern glitten auf dem Papier dahin, als trieben sie mit ausgebreiteten Armen, die Füße an der anderen Seite ihrer Röcke und das kunstvoll angeordnete Haar rings um den Kopf wogend, auf der Oberfläche eines Teichs. Manchmal fügte Lilian ein paar Vögel oder die Sonne hinzu, wodurch diese Frauen wie riesige

Luftballons aussahen, als hätte sich der Wind unter ihren Röcken gefangen und trüge sie mit sich davon, so leicht wie Federn, weit weg von allem. Aber wenn man Lilian fragte, sagte sie, diese Frauen würden gehen.

Nachdem so ein paar Tage vergangen waren und sie an die Hitze längst hätten gewöhnt sein sollen, fand Christine, daß sie sich aus dem Hotel herauswagen und etwas unternehmen könnten. Sie wollte nicht allein einkaufen gehen, auch wenn Don es ihr nahelegte; sie hatte das Gefühl, daß ihr nichts, was sie anprobierte, dazu verhelfen würde, besser auszusehen, oder, genauer gesagt, daß es völlig egal war, wie sie aussah. Sie versuchte sich irgendeine andere Ablenkung einfallen zu lassen, vor allem wegen Don. Don wirkte nicht gerade erholter, obwohl er einen Sonnenbrand hatte – der ihn aber keineswegs gesünder erscheinen ließ, sondern eher wütend –, und er fing auch schon wieder an, mit den Fingern auf die Tischplatte zu trommeln. Er sagte, er habe einen schlechten Schlaf: schlimme Träume, an die er sich später nicht erinnern konnte. Außerdem bekam er von der Klimaanlage eine verstopfte Nase. Er habe in letzter Zeit ziemlich unter Druck gestanden, sagte er.

Das war Christine nicht neu. Sie fühlte den Druck, unter dem er stand, wie einen festen Klumpen von Gewebe, von fest gewordenem, geronnenem Blut, hinten in ihrem Kopf. Sie stellte sich Don unter einer Art Metallschale vor, wie einen Krebs, die sich langsam immer fester um ihn schloß, von allen Seiten zugleich, so daß bald irgend etwas platzen mußte, wie ein Daumen, der zwischen einer Autotür steckt und langsam zerquetscht wird. Sein ganzer Körper war von dieser Metallhülle umschlossen, und Christine wußte nicht, wie sie ihm dabei helfen sollte, sie aufzukriegen, um ihn rauszulassen. Sie hatte das Gefühl, als würde er all ihre fürsorglichen Dienste – die kalten Waschlappen für seine Kopfschmerzen, die Gänge zur Apotheke, um diese oder jene Pillen zu besorgen, die vielen Stunden, in denen sie auf Zehenspitzen herumging, das Telefon abstellte, Lilian ruhig hielt, vor allem aber, ihn überhaupt zu ertragen, was am anstrengendsten war –

kaum wahrnehmen – wie Motten, die von außen gegen ein erleuchtetes Fenster flattern, hinter dem sich jemand wichtige Gedanken über etwas machte, das von größter Bedeutung war und nichts mit Motten zu tun hatte. Zum Beispiel waren diese Ferien ihre Idee gewesen, aber Don wurde immer nur röter und röter.

Unglücklicherweise war gerade kein Karneval. Es gab Restaurants, aber Lilian haßte es stillzusitzen, und was Don auf keinen Fall gebrauchen konnte, war noch mehr Essen und vor allem noch mehr Alkohol. Christine wünschte, Don würde irgendeinen Sport ausüben, aber wenn man seinen Charakter bedachte, würde er es bestimmt übertreiben und sich irgendwas brechen.

«Ich hatte einen Onkel, der damit anfing, Teppiche zu knüpfen», sagte sie eines Abends nach dem Essen zu ihm. «Als er in Rente ging. Er bekam sie in Schachteln. Er sagte, er fände es sehr erholsam.» Die Tante, die zu diesem Onkel gehörte, sagte immer: «In guten und in schlechten Zeiten, aber nicht zum Mittagessen, das habe ich nie gesagt.»

«Um Himmels willen, Christine», war alles, was Don dazu zu sagen hatte. Er hatte noch nie viel von ihren Verwandten gehalten. Seiner Ansicht nach gab Christine noch immer keinen allzu guten Rohstoff ab. Christine blickte nicht voraus bis in die Zeit, wenigstens zwanzig Jahre entfernt, wenn er den ganzen Tag zu Hause sein würde, rastlos auf und ab gehend und mit den Fingern auf Tischplatten trommelnd, und etwas von ihr verlangen würde, was auch immer es sein mochte, das sie niemals verstehen und niemals würde geben können.

Am Morgen, als die beiden zu frühstücken begannen, ging Christine mutig zum Hotelempfang. Dort fand sie hinter dem Tresen ein dünnes, elegantes braunes Mädchen, in Zitronengrün, mit Rasta-Perlen und *Vogue*-Make-up wie Spaghetti um das Telefon gewickelt. Christine, die sich heiß und großporig fühlte, fragte, ob es irgendwelche Unterlagen über Dinge gäbe, die man tun konnte. Das Mädchen, dessen Augen über Christine hinweg und an ihr vorbeiglitten, als wäre sie irgendein unbedeutendes architektonisches Merkmal, suchte und stellte eine Sammlung Broschüren zusammen, während sie weiter leise ins Telefon lachte.

Christine nahm die Broschüren mit in die Damentoilette, um sie sich vorher anzusehen. Nicht der Strand, wegen der Sonne. Nicht die Boutiquen, nicht die Nachtclubs, nicht die Andenken an das alte Spanien.

Sie betrachtete ihr Gesicht im Spiegel, legte ein bißchen Lippenstift auf die Lippen, die schmal und zusammengekniffen aussahen. Sie mußte wirklich etwas für sich tun, bevor es zu spät war. Dann ging sie zurück zum Frühstückstisch. Lilian sagte, daß die Pfannkuchen nicht so gut wären wie die zu Hause. Don sagte, daß sie sie aufessen müsse, weil sie sie bestellt habe, und wenn sie alt genug war, um für sich selbst zu bestellen, dann war sie auch alt genug, um zu wissen, daß sie Geld kosteten und nicht einfach verschwendet werden durften. Christine überlegte, ob es schlecht war, ein Kind zu zwingen, alles zu essen, was auf seinem Teller lag, ob es ihm schmeckte oder nicht: vielleicht würde Lilian dann später Fett ansetzen.

Don aß Schinken mit Ei. Christine hatte Don gebeten, für sie Joghurt und frisches Obst zu bestellen, aber vor ihrem Platz stand nichts.

«Sie hatten es nicht», sagte Don.

«Hast du denn nicht irgend etwas anderes bestellt?» fragte Christine, die jetzt Hunger hatte.

«Woher soll ich wissen, was du willst?» gab Don zurück.

«Wir werden uns den Scharlachroten Ibis ansehen», eröffnete Christine fröhlich ihrer Tochter. Sie würde darum ersuchen, ihr noch einmal die Speisekarte zu bringen, damit sie etwas anderes bestellen konnte.

«Was?» sagte Don. Christine reichte ihm die Prospekte, auf denen ein paar rote Vögel mit langen gebogenen Schnäbeln auf einem Baum saßen; es gab noch ein anderes Bild von einem aus der Nähe, im Profil, mit einem wahnsinnig anmutenden Auge, das wie eine Zielscheibe aus seinen roten Federn starrte.

«Sie sind sehr selten», sagte Christine und sah sich nach einem Kellner um. «Es ist ein Reservat.»

«Du meinst ein Gehege», sagte Don, der die Broschüre las. «In einem Sumpf? Wahrscheinlich voller Moskitos.»

«Da will ich nicht hin», sagte Lilian und schob Teile des Pfannkuchens in einer Pfütze aus wäßrigem Sirup herum. Darüber beschwerte sie sich auch, daß es nicht der richtige Sirup war.

«Imitierter Ahorn-Geschmack», sagte Don, der das Etikett las.

«Du weißt nicht mal, was es ist», sagte Christine. «Wir werden Insektenspray mitnehmen. Auf jeden Fall würden sie dort gar keine Touristen hinlassen, wenn es so viele Moskitos gäbe. Es ist ein Mangrovensumpf, das ist nicht dasselbe wie die bei uns.»

«Ich hole mir eine Zeitung», sagte Don. Er stand auf und entfernte sich. Seine Beine, die aus den Bermuda-Shorts ragten, waren noch immer sehr weiß, mit einem Anflug von Rosa hinten auf den Waden. Sein Körper, der früher muskulös gewesen war, verlor allmählich die Form, rutschte in Richtung Taille und Gesäß nach unten ab. Er begann, sich irgendwie leicht zu senken. Von hinten hatte er das lasche, demoralisierte Aussehen eines Mannes, den man in eine Anstalt gesperrt hat, auch wenn er von vorne noch ganz frisch wirkte.

Während Christine ihn weggehen sah, verspürte sie, wie sooft in diesen Tagen, Übelkeit. Vielleicht fühlte er sich ihretwegen unter Druck gesetzt. Vielleicht war sie eine Last. Vielleicht wollte er, daß sie abhob, irgendwohin flog, wie ein Drachen, die Kinder an einer langen Leine hinter sich. Sie wußte nicht, wann ihr dieses Gefühl zum ersten Mal aufgefallen war, wahrscheinlich erst, nachdem es schon einige Zeit dagewesen war, wie ein Klopfen an der Haustür, wenn man schlief. Es hatte eine Verschiebung der Kräfte gegeben, ungesehen, ungehört, unter der Oberfläche, riesige Steine hatten sich aneinandergerieben; es war ein ungeheurer Schaden entstanden, aber wer hätte sagen können, wann?

«Iß deinen Pfannkuchen», sagte sie zu Lilian, «sonst wird dein Vater noch böse.» Er würde auf jeden Fall böse sein: Sie machte ihn böse. Selbst wenn sie miteinander schliefen, was nicht mehr häufig vorkam, geschah es mechanisch, als würde er nach ganz etwas anderem lauschen, einem Telefonanruf, einem Schritt. Er war ein Mann, der sich kratzte. Sie war wie seine Hand.

Christine hatte ein Szenarium vor sich, das sie oft durchspielte. So wie sie früher in der High-School die Szenarien des Umwerbens durchgespielt hatte: Flirt, Verfolgung, freudige Hingabe. Dies war allerdings ein Szenarium für Erwachsene. Eines Abends, wenn Don nach dem Essen vom Tisch aufstand, würde sie zu ihm sagen: «Bleib da.» Er wäre von ihrer Stimme so überrascht, daß er bleiben würde.

«Ich möchte nur, daß du dort sitzen bleibst und mich ansiehst», würde sie sagen.

Er würde nicht sagen: «Um Himmels willen, Christine.» Er würde wissen, daß es etwas Ernstes war.

«Ich verlange nicht viel von dir», würde sie sagen, und es wäre eine Lüge.

«Was ist denn los?» würde er fragen.

«Ich will, daß du weißt, wie ich wirklich aussehe», würde sie sagen. «Ich habe es satt, unsichtbar zu sein.» Vielleicht würde er es tun, vielleicht aber auch nicht. Vielleicht würde er erwidern, daß er Kopfschmerzen hat. Vielleicht würde sie feststellen, daß sie keinen Boden unter den Füßen hat, weil keiner vorhanden ist. Sie war bis jetzt noch nicht einmal in die Nähe des Anfangs gekommen, um den ersten Befehl zu erteilen: «Platz», als wäre er ein dressierter Hund. Aber das war es doch, was sie von ihm wollte, oder nicht? «Hierher» kam der Sache schon näher. Er hatte nicht immer unter Druck gestanden.

Wenn Lilian erst einmal alt genug war, dachte Christine, würde sie wieder ganztags arbeiten. Sie konnte ihr Maschineschreiben und ihr Steno auffrischen, sich etwas suchen. Das würde ihr guttun; sie würde sich nicht mehr so sehr auf Don konzentrieren, sie würde einen Grund haben, besser auszusehen, sie würde entweder neue Szenarien finden oder dasjenige durchspielen, von dem sie erfüllt war. Vielleicht bildete sie sich auch alles nur ein, das mit Don. Es könnte bloß eine Form von Trägheit sein.

Christines Vorbereitungen für den Nachmittag waren gründlich. In einem Drugstore kaufte sie ein Mückenschutzmittel und eine Tafel Schokolade. Sie nahm zwei Halstücher mit, eins für sich, eins für Lilian, für den Fall, daß die Sonne schien. Der große Hut würde wegfliegen, dachte sie, da sie in einem Boot fahren würden. Nach einer kurzen Diskussion mit einem der Kellner, der sagte, daß sie Getränke nur in Flaschen haben könne, gelang es ihr, drei Dosen Pepsi zu kaufen, ungekühlt. All das packte sie in ihren Beutel, eigentlich Lilians Beutel, der orange und gelb und blau gestreift war, mit einem Mickymaus-Bild obendrauf. Sie hatte ihn für die Spielsachen benutzt, die Lilian im Flugzeug mitgebracht hatte.

Nach dem Mittagessen nahmen sie ein Taxi, zuerst durch die heißen Straßen der Stadt, in denen die Gehwege zu schmal oder gar nicht vorhanden waren und die Leute sich auf der Fahrbahn drängelten und viel gehupt wurde, dann draußen durch die Schilfrohrfelder, wo die Straße immer holpriger wurde und der Fahrer immer schneller fuhr. Er hatte das Autoradio an, das Fenster an der linken Seite war heruntergedreht, und er streckte den Ellbogen hinaus, und ganz hinten auf seinem Kopf saß eine rosafarbene Jockeymütze. Christine hatte ihm die Broschüre gezeigt und ihn gefragt, ob er wüßte, wo der Sumpf war; er hatte sie angegrinst und gesagt, das wüßte doch jeder. Er sagte, er könnte sie hinbringen, aber es war zu weit, um hin- und wieder zurückzufahren, und so würde er dort auf sie warten. Christine wußte, daß es so teurer sein würde, stritt sich aber nicht deswegen.

Sie kamen an einem Mann vorbei, der auf einem Esel ritt, und neben der Straße gingen zwei Kühe, an deren Hals Seile befestigt waren, mit denen sie Steine zogen. Christine zeigte es Lilian. Die kleinen Häuser zwischen dem hohen Schilf waren aus Zementblöcken gebaut und hellgrün oder pink oder hellblau gestrichen; sie waren auf frei stehenden Fundamenten errichtet, fast wie auf Stelzen. Die Frauen, die auf den Stufen saßen, drehten, ohne zu lächeln, ihre Köpfe nach ihnen um und sahen dem Taxi nach, als es vorbeifuhr.

Lilian fragte Christine, ob sie einen Kaugummi habe. Christine hatte keinen. Lilian fing an, auf den Fingernägeln zu kauen, das tat sie, seit Don unter Druck stand. Christine befahl ihr, damit aufzuhören. Dann erklärte Lilian, daß sie baden gehen wolle. Don sah aus dem Fenster. «Wie lange bis dahin, sagtest du?» Es war ein Vorwurf, keine Frage.

Christine hatte nicht gesagt, wie lange, weil sie es nicht wußte; sie wußte es nicht, weil sie zu fragen vergessen hatte. Schließlich bogen sie von der Hauptstraße in eine kleinere schmutzigere ab und parkten auf einem zerfurchten Platz, der früher zu einem Feld gehört hatte, neben ein paar anderen Autos.

«Ich warte hier», sagte der Fahrer. Er stieg aus dem Wagen, streckte sich, drehte das Autoradio lauter. Es hingen noch einige andere Fahrer herum, manche im Wagen, andere saßen auf der Erde und tranken aus einer Flasche, die sie herumreichten, einer schlief.

Christine nahm Lilians Hand. Sie wollte nicht dumm dastehen und erst fragen müssen, wo sie als nächstes hingehen sollten. Sie sah irgendwo etwas, das wie ein Kartenschalter aussah.

«Es muß die Hütte dort sein», sagte Don, und so gingen sie dorthin, zu einem langen Schuppen mit einem Blechdach; auf der andern Seite war ein steiles Ufer, und dort begann das Wasser. Eine Holztreppe führte nach unten zu einer Anlegestelle, die von der gleichen bräunlichen Farbe war wie das Wasser. Mehrere Boote waren daran befestigt, alle von derselben Bauart: lang und schmal, fast wie Hausboote, mit bankartigen Sitzreihen. Jedes Boot hatte hinten einen kleinen Außenbordmotor. Die Namen, die auf die Boote gepinselt waren, wirkten ostindisch.

Christine nahm die Schals aus der Tasche und befestigte einen auf ihrem eigenen und den anderen auf Lilians Kopf. Obwohl es sich bewölkte, war die Sonne noch sehr grell, und sie wußte von den Strahlen, die durch die Wolken drangen, vor allem in den Tropen. Sie fettete ihre Nasen mit einem Sonnenschutzmittel ein und stellte fest, daß die Tafel Schokolade eine alberne Idee gewesen war. Bald würde sie ein brauner Tümpel im Boden ihrer Tasche sein, die Gott sei Dank wasserdicht war. Don ging hinter ihnen auf und ab, während sich Christine auf den Boden kniete.

Von dem Wasser stieg ein seltsamer Geruch auf: ein Sumpfgeruch, aber mit noch etwas anderem vermischt. Christine überlegte, ob es Abwasser sein könnte. Sie war froh, daß sie Lilian dazu gebracht hatte, auf die Toilette zu gehen, bevor sie losgefahren waren.

Es schien niemand da zu sein, der zuständig war, niemand, bei dem man die Karten kaufen konnte, obwohl schon mehrere Leute neben dem Schuppen standen, wahrscheinlich warteten: zwei untersetzte Männer mittleren Alters in T-Shirts und mit verkehrt herum aufgesetzten Baseballkappen, ein sportliches Paar in Shorts mit aufgesetzten Taschen, die mit Kameras und Ferngläsern vollgepackt waren, eine aufgetakelte grauhaarige Frau in einem rosafarbenen sommerlichen Schneiderkostüm, das bestimmt viel zu warm war. Am Rand stand noch eine Frau, eine etwas üppige Frau in einem Kleid mit aufgedruckten Blumen. Sie hatte auf dem Unkrautacker neben der Hütte ein mexikanisch aussehendes Tuch ausgebreitet, auf dem sie saß und mit einem Strohhalm eine Orangensaftschachtel austrank. Die andern sahen alle ausgetrocknet und schlaff aus, aber diese Frau nicht. Für sie schien Warten etwas Aktives zu sein, nichts, was ihr aufgezwungen war: Sie sah sich um, blickte zum Ufer, zum braunen Wasser, zu den trübsinnigen Mangrovenbäumen dahinter, als würde sie jede einzelne Minute genießen.

Diese Frau schien am ehesten ansprechbar, und so ging Christine zu ihr hinüber. «Sind wir hier richtig?» sagte sie. «Für die Vögel?»

Die Frau lächelte ihr zu und sagte, sie wären richtig. Sie hatte ein breites Gesicht mit hohen, fast slawischen Backenknochen und runden roten Wangen wie die einer altmodischen Holzpuppe, außer, daß sie nicht angemalt waren. Ihr sahnebonbonfarbenes Haar war in Wellen und Rollen gelegt und erinnerte Christine an die Bilder auf den Schachteln der Toni-Heimdauerwelle vor mehreren Jahrzehnten.

«Wir fahren bald los», sagte die Frau. «Haben Sie die Vögel schon mal gesehen? Sie kehren nur bei Sonnenuntergang zurück. Die übrige Zeit sind sie beim Fischen.» Wiederum lächelte sie, und Christine dachte, wie schade es war, daß sie in ihrer Jugend keine Spangen getragen hatte, um ihre Zähne zu begradigen.

Es war ihr zweiter Besuch im Reservat der Scharlachroten Ibisse, erzählte sie Christine. Der erste war vor drei Jahren gewesen, als sie auf ihrem Weg nach Südamerika mit ihrem Mann und ihren Kindern hier haltgemacht hatte. Diesmal waren ihr Mann und ihre Kinder im Hotel geblieben: sie hatten schon so lange keinen Swimmingpool mehr gesehen. Sie und ihr Mann wären Mennoniten-Missionare, sagte sie. Ihr selbst schien es nicht peinlich zu sein, aber Christine errötete ein wenig. Sie war im anglikanischen Glauben erzogen, aber das einzige, was ihr davon geblieben war, waren die von ihr bevorzugten Weihnachtskarten: Drucke von mittelalterlichen oder alten Meistern der Renaissance. Ernsthaft religiöse Menschen machten sie nervös: sie waren wie die Männer in Regenmänteln, die Blitzer sein konnten oder nicht. Man ging ganz normal neben ihnen, und dann kam plötzlich eine schnelle Bewegung, und man sah nach unten und stellte fest, daß der Mantel weit geöffnet und darunter nichts weiter war als ein kleines Höschen, von Gummibändern gehalten. Das war Christine einmal auf einem Bahnhof passiert.

«Wieviel Kinder haben Sie?» sagte sie, um das Thema zu wechseln. Die breiten Hüften deuteten auf eine Mennonitin hin: Bei ihnen waren Frauen, die eine Menge Kinder kriegen konnten, gefragt.

Das Lächeln mit den schiefen Zähnen der Frau blieb bestehen. «Vier», sagte sie, «aber eins ist tot.»

«Oh», sagte Christine. Es war nicht klar, ob bei den vieren das tote mit eingeschlossen war oder ob es noch extra dazukam. Immerhin war sie so klug, nicht «wie schlimm» zu sagen. Ein solcher Kommentar würde mit Sicherheit etwas über den Willen Gottes bei der Frau auslösen, und damit wollte sie sich jetzt nicht befassen. Sie sah sich nach Lilian um, wo sie war, drüben bei Don. Die meiste Zeit war Lilian ein Geschenk, aber es gab auch Augenblicke, in denen das Mädchen, ihr selbst unbegreiflich, von plötzlichem Verschwinden bedroht war. «Da drüben, das ist mein kleines Mädchen», sagte Christine und merkte sofort, daß diese Bemerkung gefühllos war, aber die Frau lächelte auf eine Weise weiter, die Christine jetzt unheimlich vorkam.

Ein kleiner brauner Mann in einem Hemd mit hawaiischem Muster kam hinter dem Schuppen hervor und lief schnell die Stufen zum Anlegeplatz hinunter. Er kletterte in eines der Boote und senkte den Außenbordmotor ins Wasser.

«Vielleicht tut sich jetzt was», sagte Don. Er war hinter ihr näher gekommen, aber er redete mehr mit sich selbst als mit ihr. Manchmal fragte sich Christine, ob er auch so redete, wenn sie gar nicht da war.

Ein zweiter Mann, Ostinder wie der erste, auch mit Hula-Tänzer-Hemd, stand oben an der Treppe, und es sah so aus, als sollten sie hinübergehen. Er nahm ihr Geld und gab dafür jedem von ihnen eine Geschäftskarte; auf der einen Seite war ein buntes Bild von einem Ibis, auf der anderen ein Name und eine Telefonnummer. Sie gingen im Gänsemarsch die Stufen hinunter, und der erste Mann half ihnen ins Boot. Als sie alle saßen – Don, Christine, Lilian und die Frau im rosa Kostüm dicht gedrängt in einer Reihe, die beiden Männer mit den Baseballkappen vor ihnen, die Mennonitin und das Paar mit den Kameras ganz vorn –, stieß der zweite Mann das Boot ab und sprang leichtfüßig in den Bug. Nach mehreren Versuchen kriegte der erste Mann den Motor an, und sie tuckerten langsam zu einer Öffnung zwischen den Bäumen und ließen eine schmale Rauchspur hinter sich zurück.

Es war jetzt wolkiger und nicht so heiß. Christine sprach mit der Frau im rosa Kostüm, deren blondes Haar elegant hochgesteckt war. Sie käme aus Wien, sagte sie; ihr Mann befand sich auf einer Geschäftsreise hier. Sie war zum ersten Mal auf dieser Seite des Atlantischen Ozeans. Die Strände seien wunderbar, viel schöner als die am Mittelmeer. Christine machte ihr

Komplimente wegen ihres guten Englisch, und die Frau lächelte und sagte zu ihr, was für ein hübsches Mädchen sie habe, und Christine sagte, Lilian würde noch eingebildet werden, ein Begriff, den die Frau noch nicht in ihrem Wortschatz hatte. Lilian schwieg; sie hatte das Armband der Frau entdeckt, das aus Silber und reich verziert war. Die Frau zeigte es ihr. Christine begann die Exkursion zu gefallen, trotz der Tatsache, daß die beiden Männer vor ihr zu laut redeten. Sie tranken Bier aus Dosen, die sie in einer Papiertüte mitgebracht hatten. Sie machte eine Dose Pepsi auf und teilte sie sich mit Lilian. Don wollte nichts.

Sie waren jetzt in einem Kanal; sie sah die Bäume an, auf beiden Seiten, alle völlig gleich, mit dunklen Blättern, die sich auf Unmengen spindeldünner Wurzeln aus dem Wasser erhoben. Sie wußte nicht, wie lange sie schon fuhren.

Es fing zu regnen an, kein Platzregen, aber ziemlich kräftig, große kalte Tropfen. Die Frau aus Wien sagte: «Es regnet», riß in spöttischer Verwunderung die Augen auf, streckte die

Hand aus und sah zum Himmel, wie jemand in einem Bilderbuch für Kinder. Das war Lilian zuliebe. «Wir werden naß», sagte sie. Sie holte ein weißes besticktes Taschentuch aus ihrer Tasche und breitete es über ihrem Kopf aus. Lilian war von dem Taschentuch entzückt und fragte Christine, ob sie auch eins haben könnte. Don sagte, das hätten sie wissen müssen, weil es hier immer am Nachmittag regnete.

Die Männer mit den Baseballkappen zogen die Schultern ein, und einer von ihnen sagte zu dem Inder im Bug: «He, wir werden ganz naß!»

Der scheue, aber verschlossene Ausdruck des Inders blieb unverändert; mit offensichtlichem Zögern zog er von irgendwoher unter dem Vordersitz eine zusammengerollte Plastikplane hervor und reichte sie den beiden Männern. Sie verbrachten einige Zeit damit, sie auseinanderzurollen und auszubreiten, und dann halfen alle dabei mit, das Stück Plastik wie ein Dach über ihre Köpfe zu halten, während das Boot mit unverminderter Geschwindigkeit zwischen den Mangrovenbäumen und dem

Dampf oder Nebel dahinglitt, der jetzt überall um sie herum aufstieg.

«Ist das nicht abenteuerlich?» sagte Christine, es war an Lilian gerichtet. Lilian biß sich auf die Fingernägel. Der Regen klatschte herunter. Don sagte, er wünschte, er hätte eine Zeitung mitgebracht. Die Männer mit den Baseballkappen begannen zu singen, hörten sich merkwürdig an, wie Jungen in einem Sommerlager, die sich eines Tages schlafen gelegt hatten, um dreißig Jahre später wieder zu erwachen, ohne sich der schlimmen Veränderungen bewußt zu sein, die mit ihnen vorgegangen waren: das Wachstum und das Schwinden von Haaren und Fleisch, der Wechsel von den einst klaren zu den trüben Stimmen, die jetzt, mißtönend, unrhythmisch, sangen:

«Die Mädchen in der Army,
die sollen Klasse sein,
sie versprechen Betty Grable
und geben dir Frankenstein ...»

Ihr Bier war noch immer nicht alle. Einer von ihnen leerte eine Dose und warf sie über Bord, und sie hüpfte einen Augenblick neben dem Boot auf und ab, bevor sie zurückblieb, ein hellroter Fleck in der grenzenlosen Weite des trüben Grün und des trüben Grau. Christine kam sich tugendhaft vor: sie hatte ihre Pepsi-Dose sorgfältig in ihren Beutel gepackt, um sie später in den Müll zu werfen.

Dann hörte der Regen auf, und nachdem sie eine Weile darüber diskutiert hatten, ob er wieder anfangen würde oder nicht, rollten die beiden Männer mit den Baseballmützen die Plastikplane wieder auf. Während sie noch dabei waren, gab es einen dumpfen Schlag. Das Boot schaukelte heftig, und der Mann, der stand, wäre fast über Bord gefallen, setzte sich aber dann mit einem Ruck wieder hin.

«Was, zum Teufel?»

Hinten im Boot legte der Inder den Rückwärtsgang ein.

«Wir sind gegen etwas gestoßen», sagte die Frau aus Wien. Sie faltete die Hände, eine weitere klassische Geste.

«Offensichtlich», sagte Don mit gedämpfter Stimme. Christine lächelte Lilian zu, die ein ängstliches Gesicht machte. Das Boot begann wieder vorwärts zu fahren.

«Wahrscheinlich eine Mangrovenwurzel», sagte der Mann mit den Kameras und drehte sich halb herum. «Sie wachsen unter dem Wasser heraus.» Er gehörte zu den Leuten, die so etwas wußten.

«Oder ein Alligator», sagte einer der Männer mit den Baseballkappen. Der andere lachte.

«Er macht nur Spaß, Liebling», sagte Christine zu Lilian.

«Aber wir sinken», sagte die Frau aus Wien und deutete mit einer ausgestreckten Hand, einem dramatischen Finger.

Dann sahen alle, was sie vorher noch nicht bemerkt hatten. Es war ein Loch im Boot, ziemlich weit vorn, direkt über der Plattform aus losen Brettern, die als Boden dienten. Es hatte die Größe einer kleinen Faust. Was immer sie gerammt hatten, war direkt durch das Holz gestoßen, als wäre es aus Pappe. Es strömte Wasser herein.

«Dieser Kahn muß völlig verrottet sein», murmelte Don, diesmal direkt an Christine gewandt. Das war eine Rolle, die sie manchmal zugeteilt bekam, wenn sie mit anderen Leuten zusammen waren, die Don nicht kannte: die der Zuhörerin. «Das passiert immer mit ihnen in den Tropen.»

«He», sagte einer der Männer mit den Baseballkappen. «Ihr da vorn. Es ist ein Loch in dem verdammten Boot.»

Der Inder warf über die Schulter einen Blick zu dem Loch hin. Er zuckte die Achseln, sah wieder weg, angelte in der Brusttasche seines Sporthemds nach einer Zigarette.

«He. Drehen Sie um», sagte der Mann mit den Kameras.

«Könnten wir das Boot nicht reparieren und dann noch mal losfahren?» sagte Christine, in der Absicht zu schlichten. Sie sah zu der Mennonitin, hoffte auf Unterstützung, aber die drehte ihr den breiten geblümten Rücken zu.

«Ja, aber wenn wir weiterfahren, gehen wir unter.»

«Sie werden nicht untergehen», sagte der Inder. Er hatte eine Zigarette gefunden, bereits halb aufgeraucht, und zündete sie an.

«Das ist für ihn nichts Neues», sagte der größere der beiden Baseballkappen. «Er hat jede Woche ein Loch in dem verdammten Boot. Das hat nichts zu bedeuten.»

Immer mehr braunes Wasser floß herein. Das Boot fuhr weiter.

«Richtig», sagte Don diesmal laut zu allen. «Er denkt, wenn wir die Vögel nicht sehen, zahlen wir ihm nichts.»

Das leuchtete Christine ein. Für die Inder war es eine Menge Geld. Wahrscheinlich konnten sie das Benzin nicht bezahlen, wenn sie das Fahrgeld verloren. «Wenn Sie zurückfahren, bezahlen wir Sie trotzdem», rief sie dem Inder zu. Normalerweise hätte Don diesen Vorschlag gemacht, aber sie bekam es allmählich mit der Angst zu tun.

Entweder hörte der Inder sie nicht, oder er traute ihnen nicht, oder es war nicht das, was er sich unter einem fairen Geschäft vorstellte. Er lächelte nicht und gab auch keine Antwort.

Ein paar Minuten lang saßen sie alle da, warteten darauf, daß das Problem gelöst wurde. Die Bäume glitten an ihnen vorüber. Schließlich sagte Don: «Wir schöpfen lieber. Wenn das so weitergeht, sind wir in ungefähr einer halben Stunde in ernsten Schwierigkeiten.»

«Ich hätte nicht kommen sollen», sagte die Frau aus Wien im Tonfall tragischer Verzweiflung.

«Womit?» sagte der Mann mit den Kameras. Die Männer mit den Baseballkappen hatten sich umgedreht und sahen Don an, als verdiene er ihre Aufmerksamkeit.

«Mummy, gehen wir jetzt unter?» sagte Lilian.

«Natürlich nicht, Liebling», sagte Christine. «Das würde Daddy nicht zulassen.»

«Mit allem, was wir haben», sagte der größere der Baseballkappenmänner. Er schüttete den Rest seines Biers über die Bordwand. «Haben Sie ein Taschenmesser?» sagte er.

Don hatte keins, aber der Mann mit den Kameras. Sie sahen zu, wie er den Deckel aus der Dose schnitt, sich hinkniete, ein loses Bodenbrett herausnahm, so daß er bis ans Wasser konnte, braunes Wasser herausschöpfte und es über die Bordwand schüttete. Dann fingen die anderen Männer auch an, die Deckel aus ihren Bierdosen zu schneiden, einschließlich der vollen, die sie ausleerten. Christine holte die Pepsi-Dose aus ihrem Beutel. Die Mennonitin holte ihre Saftschachtel hervor.

«Zumindest keine Moskitos», sagte Don fast fröhlich.

Sie hatten viel Zeit verloren, und das Wasser stand schon fast bis zum Deck. Es kam Christine vor, als würde das Boot schwerer, als bewegte es sich langsamer durch das Wasser, als würde das Wasser selbst dichter. Sehr viel Wasser konnten sie nicht auf einmal leeren, bei so kleinen Behältern, aber weil sie so viele waren, würde es vielleicht klappen.

«Das ist ein richtiges Abenteuer», sagte sie zu Lilian, die ganz weiß im Gesicht war und verloren aussah. «Macht das nicht Spaß?»

Die Frau aus Wien schöpfte nicht, sie hatte keinen Behälter. Sie machte sichtliche Anstrengungen, sich zu beruhigen. Sie hatte eine Mandarine herausgenommen, die sie über dem gestickten Taschentuch, das sie auf ihrem Schoß ausgebreitet hatte, schälte. Jetzt holte sie ein hübsches kleines Federmesser mit Perlmuttgriff hervor. «Lilian, bist du hungrig? Schau, ich werde jetzt Stücke schneiden, ein Stück für dich und eins für mich, *ja*?» Natürlich war das Messer nicht wirklich nötig. Es sollte Lilian ablenken, und Christine war dankbar dafür.

Es herrschte jetzt ein unhörbarer Rhythmus im Boot: kratz, platsch; kratz, platsch. Die Männer mit den Baseballkappen, die sich vorher so flegelhaft benommen hatten, waren jetzt kein bißchen betrunken. Don schien sich auf diesem Ausflug zum ersten Mal zu amüsieren.

Aber trotz ihrer Bemühungen stieg der Wasserspiegel.

«Das ist ja lächerlich», sagte Christine zu Don. Sie hörte auf, mit ihrer Pepsi-Dose zu schöpfen. Sie war entmutigt und verängstigt. Sie sagte sich, daß die Inder nicht weiterfahren würden, wenn sie wirklich glaubten, in Gefahr zu sein, aber völlig überzeugt war sie nicht. Vielleicht war es ihnen egal, ob alle ertranken, vielleicht dachten sie, es wäre Karma. Durch das Loch ergoß sich das braune Wasser ins Boot, in einem ständigen Strom, wie eine aufgeschnittene Vene. Es stand jetzt bis in Höhe der losen Bodenbretter.

Dann erhob sich die Mennonitin. Die Fassung bewahrend, zog sie ihre Schuhe aus, stellte sie sorgfältig nebeneinander unter den Sitz. Christine hatte einmal einen Mann gesehen, der so etwas in einem U-Bahnhof gemacht hatte; er stellte die Schuhe unter die Bank, auf der er saß, und ein paar Minuten später warf er sich vor den einfahrenden Zug. Die beiden Schuhe waren auf dem ordentlichen gelbgekachelten Boden zurückgeblieben, wie nach dem Essen die Knochen auf einem Teller. Christine schoß der Gedanke durch den Kopf, daß die Frau vielleicht geistig verwirrt war und über Bord springen wollte; das war verständlich, wegen des toten Kindes. Dann war das unaufhörliche Lächeln der Frau eine Lüge, wie es das bei Christine an ihrer Stelle gewesen wäre.

Aber die Frau sprang nicht über den Bootsrand, sondern beugte sich nach vorn und nahm die Bodenbretter heraus. Dann drehte sie sich um und ließ sich mit ihrem großen geblümten Leib auf dem Loch nieder. Ihr Gesicht war jetzt Christine zugewandt: Sie hörte nicht auf zu lächeln, starrte über den Bootsrand auf die Mangroven und ihre monotonen Wurzeln und Blätter, als hätte sie schon lange nicht mehr etwas so Interessantes gesehen. Das Wasser reichte ihr bis an die Knöchel, ihr Rock war naß. Wirkte sie nicht ein bißchen überheblich, ein bißchen klug oder selbstbewußt-heroisch? Möglich, dachte Christine, obwohl man es von dem runden Gesicht schwer ablesen konnte.

«He», sagte einer der Männer mit den Baseballkappen, «jetzt kochen Sie aber mit Gas!» Der Inder im Bug sah die Frau an, einen Augenblick blitzten seine weißen Zähne auf.

Die anderen schöpften weiter, und nach einer Weile bückte sich Christine und schöpfte wieder mit der Pepsi-Dose. Trotz allem war sie von der Frau beeindruckt. Wahrscheinlich war das Wasser gar nicht so kalt, aber es war bestimmt schmutzig, und wer konnte sagen, was auf der anderen Seite des Lochs war? Waren sie für Piranhas schon weit genug im Süden? Aber da war die Mennonitin und verstopfte das Loch mit ihrem Hintern, friedlich wie eine brütende Henne, zweifellos ohne sich der Tatsache bewußt zu sein, daß sie ganz schön albern aussah. Christine konnte sich gut vorstellen, was für Bemerkungen die Männer mit den Baseballkappen hinterher über die Frau machen würden. «Von einem fetten Arsch gerettet.» – «He, hatte gar nicht gewußt, daß er zu noch was anderem nützlich ist.» – «Finger im Kanal war ihr egal.» Das war der Teil, der Christine davon abgehalten hätte, so etwas zu tun, selbst wenn sie auf die Idee gekommen wäre.

Jetzt erreichten sie die lange Schneise zwischen den Mangrovenbäumen und gelangten ins Freie; sie waren in einem abgeschlossenen Raum, wie in einem See, von den dunklen Mangroven wie von einer Mauer umgeben. Quer darüber war ein feinmaschiger Drahtzaun gespannt, um die Boote davon abzuhalten, zu nah an die Rastplätze des Scharlachroten Ibis heranzufahren: Das stand auf dem Schild, das an einen Pfahl genagelt war, der aus dem Wasser ragte. Der Inder drosselte den Motor, und sie trieben auf den Zaun zu; der andere Inder packte den Zaun, hielt ihn fest, und das Boot kam zum Stehen, schaukelte nur noch ein bißchen. Außer den kleinen Wellen, die es verursachte, war das Wasser völlig ruhig; die Bäume, die sich darin spiegelten, sahen schwarz aus, und die Sonne, die dicht über dem westlichen Rand der wirklichen Bäume stand, war eine rote Scheibe im dunstigen grauen Himmel. Das Licht, das von ihr ausging, war orangerot und färbte das Wasser. Ein paar Minuten lang geschah nichts. Der Mann mit den Kameras sah auf seine Uhr. Lilian war unruhig, zappelte auf dem Sitz. Sie wollte malen, sie wollte im Swimmingpool schwimmen. Wenn Christine gewußt hätte, daß diese Sache so lange dauern würde, wäre sie nicht mit ihr hierhergefahren.

«Sie kommen», sagte der Inder im Bug.

«Vögel ahoi», sagte einer der beiden Männer mit den Baseballkappen und streckte den Finger aus, und dann waren die Vögel da, kamen durch das rötliche Licht geflogen wie auf ein Stichwort, zuerst einzeln, dann in Scharen von vier oder fünf, so hell, so strahlend, daß sie wie gemalte Flammen aussahen. Sie ließen sich auf den Bäumen nieder, kreischten heiser. Nur ihre Schreie enthüllten sie als wirkliche Vögel.

Die anderen sahen durch ihre Ferngläser. Sogar die Frau aus Wien hatte ein kleines Opernglas. «Seht euch das an», sagte einer der Männer. «Ich wünschte, ich hätte meine Filmkamera mitgebracht.»

Don und Christine waren ohne technische Ausrüstung. Ebenso die Mennonitin. «Man könnte ihnen ewig so zusehen», sagte sie, ohne sich an irgend jemand Bestimmten zu richten. Christine, die befürchtete, sie könnte wieder irgendeine peinliche Bemerkung machen, tat so, als würde sie sie nicht hören. *Ewig* war ein starkes Wort.

Sie ergriff Lilians Hand. «Siehst du die roten Vögel dort?» sagte sie. «Vielleicht siehst du in deinem ganzen Leben nie wieder einen davon.» Aber sie wußte, daß Lilian diese Vögel nicht mehr bedeuteten als alles andere auch. Sie war zu klein für sie. Sie sagte: «Oh», was sie auch gesagt hätte, wenn es Flugfinger gewesen wären oder Engel mit Flügeln so rot wie Blut. Zauberer, das wußte Christine von Lilians letzter Geburtstagsparty, waren bei kleinen Kindern eine Niete, weil sie nicht einsahen, warum Kaninchen nicht aus Hüten kommen sollten.

Don ergriff Christines Hand, was er schon seit längerem nicht mehr getan hatte; aber Christine, die die Vögel beobachtete, bemerkte es erst hinterher. Ihr war, als würde sie ein Bild mit exotischen Blumen oder roten Früchten betrachten, die auf Bäumen wuchsen, gleichmäßig verteilt, wie das Obst in den Gärten mittelalterlicher Gemälde, kräftig, klar begrenzt, in Primärfarben. Auf der anderen Seite des Zauns war eine andere Welt, nicht wirklich, aber gleichzeitig wirklicher als die auf dieser Seite, die Männer und Frauen in ihrer leichten Kleidung und alternden Körpern, das klapprige Boot. Ihr eigener Körper kam ihr zerbrechlich und leer vor, wie geblasenes Glas.

Die Mennonitin hob ihr Gesicht dem Sonnenuntergang entgegen; ihr Körper war am Hals von Schatten abgeschnitten, so daß ihr Kopf in der Luft zu schweben schien. Zum ersten Mal sah sie traurig aus; aber als sie merkte, daß Christine sie beobachtete, lächelte sie wieder, wie um sie zu beruhigen, ihr Gesicht strahlend, rosig und rund wie eine Pflaume. Christine spürte die beiden Hände, die ihre Hände hielten, sie festmachten, eine auf jeder Seite.

Ihr Körper bekam wieder Gewicht. Das Licht verblaßte, die Luft wurde kühler. Bald würden sie in die zunehmende Dunkelheit zurückkehren müssen, in einem Boot, das so morsch war, daß ein falsch aufgesetzter Fuß durchbrach. Das Wasser würde schwarz sein, nicht braun, es würde voller Wurzeln sein.

«Sollten wir nicht zurückfahren?» sagte sie zu Don.

Lilian sagte: «Mummy, ich habe Hunger», und Christine erinnerte sich an die Tafel Schokolade und wühlte in ihrem Beutel. Sie war ganz unten, schlaff wie ein Stück Speck, aber nicht flüssig. Sie holte sie hervor und pellte das Silberpapier ab und gab Lilian ein Stück davon und Don auch und aß selber auch eins. Das Licht war rosa und dunkel zugleich, und es war schwierig, zu sehen, was sie tat.

Wenn sie später davon erzählte, nachdem sie wieder sicher zu Hause angekommen waren, berichtete Christine von dem Sumpf und dem schrecklichen Boot und den singenden Männern und dem übelriechenden Wasser. Sie vergaß auch Dons Gereiztheit nicht, aber nur an Tagen, an denen er nicht besonders gereizt war. (Inzwischen war der Druck nicht mehr so stark; diese Dinge kamen in Phasen, entschied Christine. Sie war froh, daß sie nie etwas gesagt, nie irgendwelche Fragen gestellt hatte.) Sie erzählte, wie gut sich Lilian aufgeführt hatte, obwohl sie gar nicht hatte mitfahren wollen. Sie erzählte von dem Loch im Boot, ihrer eigenen Panik, über die sie sich lustig machte, und von dem albernen Wasserschöpfen mit den Dosen und der Gleichgültigkeit, mit der sich die Inder in ihr Schicksal ergeben hatten. Sie erzählte von der Mennonitin, die wie eine große fette Henne auf dem Loch gesessen hatte, und stellte es als komisch, aber auch bewundernswert hin, weil die Frau das Problem auf so einfache und augenfällige Weise gelöst hatte, daß niemand sonst darauf gekommen wäre. Das tote Kind erwähnte sie nicht.

Sie erzählte von der ziemlich vergnüglichen Fahrt zurück zum Landesteg, mit dem Inder im Bug, der mit seiner starken Taschenlampe die endlosen langweiligen Mangrovenbäume anstrahlte, und den beiden Männern mit den Baseballkappen, die außer Rand und Band gerieten und anfingen, schmutzige Lieder zu singen.

Sie schloß mit den Vögeln, die jeden Augenblick wert gewesen waren, sagte sie. Sie stellte sie als eine Form der Unterhaltung dar, so wie den Grand Canyon: etwas, das man wirklich gesehen haben mußte, wenn man Vögel mochte und sich in diesem Teil der Welt aufhielt.

Natalia Ginzburg

Haus am Meer

Seit vielen Jahren hatte ich meinen Freund Walter nicht gesehen. Ab und zu schrieb er mir kindliche, nichtssagende Briefe voller Grammatikfehler. Bei der Nachricht, er habe geheiratet, wunderte ich mich. Als ich noch häufig mit ihm zusammen war, zeigte er für keine der Frauen Interesse, mit denen wir damals gelegentlich Bekanntschaft machten. Seine außergewöhnliche Schönheit erweckte bei vielen Frauen Zuneigung, doch er verachtete die Frauen, die sich in ihn verliebten, und verhöhnte sie grausam. Die anderen jungen Männer unseres Alters hatten wenig Sympathie für ihn übrig, und ich war sein einziger Freund.

Etwa fünf Jahre nach seiner Hochzeit erhielt ich einen Brief von ihm, in dem er mich bat, ihn an einem Badeort zu besuchen, wo er sich gerade mit Frau und Kind aufhielt. Er deutete vage eine Schwierigkeit an, in der er meinen Rat benötigte.

Ich lebte damals bei meiner Mutter. Da ich eine bescheidene Anstellung hatte, die mir wenig einbrachte, bat ich meine Mutter um Geld für die Reise. Sie beschuldigte mich der Verschwendung und der Rücksichtslosigkeit ihr gegenüber, und es gab einen leichten Streit. Ich bekam das Geld von einem Onkel geliehen und fuhr ab. Es war ein warmer Tag im Frühsommer. Unterwegs dachte ich an meinen Freund Walter, und in meiner Freude, ihn wiederzusehen, schwang eine unbestimmte Beunruhigung mit, eine leichte Angst und Beklemmung, die ich in jenen Jahren stets empfunden hatte, wenn ich mich an ihn erinnerte. Vielleicht war es die Furcht, er könne irgendwie das Leben, das ich mir allmählich eingerichtet hatte, durcheinanderbringen und zerbrechen, indem er Wünsche und Sehnsüchte in mir entzündete. Ich dachte auch voll Neugier an seine Frau. Weder konnte ich mir vorstellen, wie sie wohl sein mochte, noch wie die Beziehung der beiden aussah.

Ich kam um die Mittagszeit an und stieg in einem heißen, frischgestrichenen, menschenleeren Bahnhof aus. Walter erwartete mich an die Wand gelehnt, die Hände in den Taschen. Er hatte sich überhaupt nicht verändert. Er trug ein Paar Leinenhosen und ein weißes, kurzärmeliges Trikothemd mit offenem Kragen. Auf seinem großen, leicht sonnengebräunten Gesicht erschien ein Lächeln, und er kam mir lässig entgegen und reichte mir die Hand. Ich wußte, daß er mich so empfangen würde, daß er keine Ausrufe der Überraschung von sich gegeben hätte und wir uns nicht umarmen würden: Dennoch überkam mich ein Gefühl der Kälte. Auf der Straße, während er schlenkernd meinen Koffer trug, begann ich, ihn nach der Art der Schwierigkeit zu fragen, in der er sich befand, und er erwiderte, ohne mich anzusehen, mit seiner knappen Stimme, es handle sich um Sorgen familiärer Natur, und es sei Vilma, seine Frau gewesen, die mein Kommen gewollt habe.

Wir trafen Vilma, die mit dem Kind vom Baden zurückkehrte. Ich sah eine große, etwas füllige Frau mit schwarzen, noch feuchten Haaren und Spuren von Sand im Gesicht. Sie trug ein kariertes Sommerkleid, das ihre Knie freiließ, und in der Hand einen geflochtenen Strohhut und eine rote Wachstuchtasche. Das Kind schien mir noch sehr klein zu sein, doch sie sagten, es sei vier Jahre alt. Es war ein schmächtiger, blasser, hübscher kleiner Junge mit dichten blonden Locken, die ihm bis auf die Schultern fielen.

Sie wohnten in einer zweistöckigen kleinen Villa nah am Strand. Man hatte mir im oberen Stock ein Zimmer hergerichtet, das nicht aufs Meer, sondern auf die Felder hinausging. Im ganzen Haus herrschten Halbschatten und ein guter, frischer Geruch nach Holz und gelben Pfirsichen. Das Mittagessen gab es auf der Veranda: Die Vorhänge aus grobem, rostfarbenem Leinen öffneten sich ein wenig, vom Wind bewegt, und gaben den Blick frei auf das strahlendblaue Meer, den Himmel und den Strand mit seinen grellbunt gestrichenen Kabinen. Das Kind wollte nicht essen, und die Mutter redete ihm mit müder Stimme zu und fütterte es. Walter schwieg, zerbröckelte Brot und starrte vor sich hin. Dann plötzlich wurde er wütend und sagte, das Essen sei schlecht und nicht gar, wäre es besser gewesen, hätte gewiß auch das Kind gern gegessen. Vilma erwiderte nichts, sondern seufzte und senkte den Kopf. Das Kind blickte mit erschrockenen Augen von einem zum anderen.

«Kleine Familienszenen», sagte Walter zu mir, als wir allein waren, «wenn kein Einverständnis mehr herrscht, ist jeder Vorwand recht. Jetzt gibt es außerdem etwas Schwerwiegenderes. Sie hat sich anscheinend verliebt.» Ich fragte, in wen, und er antwortete vage, es handle sich um einen Künstler. «Einen Musiker», sagte er mit einem unangenehmen, höhnischen Lächeln.

Gleich am ersten Tag meiner Ankunft wollte Vilma mit mir sprechen, am Abend, als Walter einen Augenblick ausgegangen war. Sie setzte sich mir gegenüber und begann mit einem Bemühen um restlose Aufrichtigkeit, das mich peinlich berührte, von sich und Walter zu erzählen. Sie habe in diesen Jahren viel gelitten:

Ich kennte Walter ja, daher dürfe mich das nicht wundern. Als sie geheiratet habe, sagte sie, sei sie noch sehr jung und unerfahren gewesen. Ich blickte sie an und versuchte festzustellen, wie alt sie sein mochte, aber sie kam mir nicht sehr jung vor, ich hätte sie sogar eher für älter als Walter gehalten. Sie hatte schwarze, zerzauste Haare und engstehende, tief dunkelblaue Augen. Trotz ihrer langen Nase und des angegriffenen Teints kam sie mir sehr schön vor. «Und jetzt habe ich hier einen alten Freund wiedergetroffen ... Vrasti. Er ist eine edle, erhabene Seele, und sein erster Impuls war, mir zu helfen und mir Gutes zu tun. Aber meine Gefühle für ihn sind rein und können mein Kind und Walter in keiner Weise kränken.» Sie sprach offen und voll Vertrauen zu mir, doch dies gefiel mir nicht etwa, weckte nicht das gleiche Vertrauen in mir, sondern machte mich verlegen und war mir peinlich. Erschwerend, sagte sie, komme noch der Mangel an finanziellen Mitteln und die schwache Gesundheit des Kindes hinzu, das ein sehr ruhiges Familienklima gebraucht hätte.

Dann lernte ich auch Vrasti kennen. Ich erfuhr, daß er die Gewohnheit hatte, jeden Tag vorbeizukommen, sich aber zu Anfang, als er von meiner Anwesenheit gehört hatte, nicht mehr traute, da er geradezu krankhaft schüchtern war. Er war ein Mann um die Fünfzig, mit langen, weichen, graumelierten Haaren und hellen Augen in einem faltigen, ausgemergelten Gesicht. Er sprach wenig, setzte sich neben Vilma und sah ihr beim Nähen zu, während er mit den Fransen seines Schals spielte. Er versuchte, das Kind, das vor ihm davonlief, an sich zu ziehen, hielt es am Handgelenk fest und streichelte ihm mit der großen Hand mit den splitternden, fleckigen Fingernägeln über den Kopf.

«Ein Künstler, ein echter Künstler», sagte Vilma hinter vorgehaltener Hand zu mir, als Vrasti zum erstenmal kam. «Aber es ist schwierig, ihn zum Spielen zu überreden.»

Ich bat Vrasti zu spielen, und er sagte nein, nein, aber man sah, daß er größte Lust dazu hatte. Zuletzt setzte er sich ans Klavier und spielte lange, auf eine schulmäßige, langweilige Art, Mozart und Schumann.

Oft lud Vilma ihn ein, zum Abendessen zu bleiben, und er sagte, nein, das sei nicht möglich, aber es war klar, daß er größte Lust hatte anzunehmen und fürchtete, sie würde nicht mehr darauf beharren, und er müßte gehen. Bei Tisch hantierte er ungeschickt mit dem Besteck und trank sehr viel, ununterbrochen schenkte er sich Wein nach. Nachdem er getrunken hatte, stotterte er unzusammenhängende Sätze und wurde von einem Zittern erfaßt. Walter wandte mit einem Ausdruck des Ekels das Gesicht von ihm ab. Neben seiner Frau, Vrasti und dem Kind kam er mir sonderbar jung und gesund vor. Seine große Gestalt, die breiten Schultern und die kräftigen, bloßen Arme, die lässige Unbeschwertheit seines Körpers erfüllten den ganzen Raum. Vrasti saß schüchtern und schuldbewußt lächelnd neben ihm und wagte kaum, ihn direkt anzureden. Mir dagegen zeigte er sofort zutraulich seine Sympathie.

Ich war seit mehreren Tagen dort, fühlte mich sehr wohl und blühte gesundheitlich auf. Der Gedanke, wieder abreisen zu müssen, machte mich traurig. Ich schrieb meinem Onkel, ich bräuchte noch mehr Geld, und erhielt, begleitet von einem Brief voller Ermahnungen, eine etwas geringere Summe, als ich gefordert hatte. Meine Mutter schrieb mir ebenfalls und klagte über meine Abwesenheit, über die Einsamkeit, in der ich sie zurückgelassen hatte, und über meine unterbrochene Arbeit. Die Erinnerung an die Arbeit, an die Stadt und an meine Mutter war mir unangenehm, und ich vermied es, daran zu denken. Mir schien, als wäre ich schon eine endlos lange Zeit dort am Meer. Die anderen erwähnten meine Abreise nie und hatten offenbar auch ganz vergessen, daß sie mich gerufen hatten, weil sie einen Rat wollten. Ich gab keinen Rat, und niemand fragte mich danach. Ich hatte begriffen, daß Vilmas Liebe zu Vrasti nicht aufrichtig war, sondern einfach ein Werk ihrer Phantasie. Sie klammerte sich an das einzige Wesen, das sie ihrer Meinung nach retten konnte, doch vielleicht spürte sie innerlich, wie künstlich und unwahr das war, und litt um so mehr.

Als ich das Geld des Onkels erhielt, schenkte ich Walter einen großen Teil davon, und er nahm es an. Als Vilma davon erfuhr, dankte sie mir mit Tränen in den Augen. Sie sagte, ich hätte mich als echter Freund für sie erwiesen. «Das werde ich nie vergessen», sagte sie.

Ich stand morgens sehr früh auf und trat ans Fenster: Ich sah den Gemüsegarten mit dem taufrischen grünen Salat und den roten und gelben Blumen, die anschließenden weiten Felder und in der Ferne die in leichten Dunst gehüllten Berge. Ich ging hinunter. Der Strand war noch fast menschenleer, und der noch nicht von der Sonne berührte Sand war feucht und kalt. Ich sah Walter – er stand noch früher auf als ich – aus dem Wasser kommen und mit seinem weichen, leichten Schritt auf mich zukommen. Als Badehose trug er nur einen enganliegenden gestrickten Slip, und von weitem sah es aus, als sei er nackt. Mit seinem starken nassen Körper legte er sich neben mich und strich sich mit der Hand durch die blonden Haare. Eine Amerikanerin aus bedeutender

Familie, deren Kabine unweit der unseren stand, hatte sich in ihn verliebt, und wenn sie ihn allein sah, kam sie näher und wollte mit ihm reden. Er antwortete ihr unwirsch und ging davon. Er hatte ihr den Spitznamen «der Papagei» gegeben. Er fand für jeden einen Spitznamen, und Vrasti war für ihn bald «der alte Pulcinella», bald «Doktor Tartaglia». Er sagte diese Spitznamen dem Kind und brachte es damit zum Lachen.

Vilma und das Kind kamen sehr spät an den Strand. Walter nahm das Kind auf den Arm und trug es ins Wasser, spielte mit ihm, daß es lachte und vor Furcht kreischte. Der Kleine hing mit unbändiger Liebe an Walter, und ich sah, daß Vilma eifersüchtig war.

Bald merkte ich, daß etwas Seltsames mit Vilma vorging. Sie lud den Musiker jetzt nicht mehr sooft zum Abendessen ein, und ganz allgemein schien mir, es sei ihr gleichgültig geworden, ob sie ihn sah oder nicht. Auch Vrasti ahnte schließlich etwas, und ich fühlte, wie er sich quälte und litt. Sie forderte ihn nicht mehr auf zu spielen und hielt ihn nicht mehr vom

Trinken ab. Als Walter einmal in ihrem Beisein «Doktor Tartaglia» sagte, lachte sie.

Ihren Wunsch, mir zu gefallen, spürte ich in jeder ihrer Gesten, in jedem Wort. Wenn sie durchs Haus ging und aufräumte oder am Strand dem Kind nachlief oder sich hinlegte, fühlte ich, daß sie das nicht für Vrasti, sondern für mich machte.

Ich hätte sofort abreisen müssen. Aber ich hatte nicht die Kraft dazu. Anfangs sagte ich mir, es sei nichts Wahres daran. Ich tat vor mir selber so, als glaubte ich, ich hätte Dingen Bedeutung beigemessen, die gar keine hatten. Dennoch vermied ich es, mit ihr allein zu bleiben. Ich verbrachte den größten Teil des Tages damit, zuammen mit Walter durch die Felder zu streifen.

Er schwieg fast immer auf unseren endlosen Spaziergängen. In einem wilden Dickicht aus Kaktusfeigen und Palmen auf einem Felsen ausgestreckt, der steil zum Meer hin abfiel, betrachteten wir den Sonnenuntergang. Was jene Jahre, in denen wir uns nicht gesehen hatten, für Walter bedeuteten, was er gemacht, geglaubt, gehofft hatte, wußte ich nicht, aber mir war klar, daß jede Frage zwecklos sein würde. Auch er selbst stellte mir keinerlei Fragen, und ich wußte, daß er keinerlei Anteil nehmen würde an dem, was ich ihm von mir hätte erzählen können. Dieser Mangel an Interesse, der mich bei einem anderen verbittert hätte, erschien mir bei ihm ganz natürlich, selbstverständlich, und ich litt nicht darunter. Ich begriff nun, besser als in der Vergangenheit, daß er anders war als die anderen Menschen, wie losgelöst von ihnen, und daß deshalb jede Beziehung, die er zu den anderen hatte, eine seltsame Form annahm, die für alle unerklärlich und beleidigend war, nur für mich nicht. Er war wie ein großer, alleinstehender Baum. Der Wind, der durch sein Laub weht, und die Erde, die seine Wurzeln nährt, gehören zu seinem Leben, sonst nichts. So fühlte ich, daß Walters Freuden und Leiden nicht von seinen Mitmenschen ausgelöst wurden, sondern von uns unverständlichen und unbekannten Dingen wie der Erde oder dem Wind.

Manchmal sprach er mit mir über sein Kind,

und mir schien, als hätte er es lieb. Er sagte, Vilma sei nicht dafür gemacht, ein Kind großzuziehen. Sie ließ es spät aufstehen, erlaubte ihm weder zu lange im Wasser zu planschen noch mit unbedecktem Kopf in der Sonne zu spielen. «Und wie sie es anzieht, wie lang sie seine Locken wachsen läßt. Es sieht aus, als wäre es das Kind einer Schauspielerin.»

Zuletzt beschloß ich abzureisen und teilte es den anderen mit. Walter äußerte weder Verwunderung noch Bedauern. Aber Vilma sah mich mit einem so verzweifelten Gesicht an, daß es mich innerlich erschütterte. Es war mir selten passiert, Gegenstand der Liebe einer Frau zu sein. Und ich fühlte, daß es mir einen gewissen dunklen Genuß bereitete. Doch sogleich schämte ich mich meiner selbst. Ich war angekommen, um die Lage zu klären und mich irgendwie nützlich zu machen, hatte nichts geklärt, sondern im Gegenteil die Dinge kompliziert und die Situation vielleicht auf nicht wiedergutzumachende Weise ruiniert. Ich stieg in mein Zimmer hinauf und begann zu packen. Es war Nacht: Am nächsten Morgen würde ich abreisen. Walter war schon schlafen gegangen.

Nach kurzer Zeit hörte ich ein leichtes Klopfen an der Tür, und Vilma trat ein. Sie sagte, sie sei gekommen, um nachzusehen, ob ich ihre Hilfe brauchte. Ich sei schon fertig, antwortete ich, es sei ja nur ein ganz kleiner Koffer. Sie setzte sich aufs Bett und sah mir zu, während ich die wenigen Sachen und Bücher verstaute. Plötzlich begann sie still zu weinen. Ich ging zu ihr und nahm ihre Hände. «Nicht doch, warum? Vilma, warum?» sagte ich zu ihr. Sie lehnte den Kopf an meine Schulter, drückte sich an mich und küßte mich. Ich küßte sie auch. Ich konnte mich nicht zurückhalten. Mir schien, als liebte ich diese Frau, so wie sie mich liebte, und ich bedeckte ihren Körper mit leidenschaftlichen Küssen.

Als ich am nächsten Morgen erwachte, war ich so erschöpft, daß es mir Mühe bereitete, aufzustehen. Automatisch zog ich mich an und ging hinunter, um Walter am Strand zu treffen. Ich konnte nicht abreisen, ohne ihm zu sagen, was geschehen war. Ich fragte mich nicht, ob es gut oder schlecht war, mit ihm zu sprechen, ich wußte nur, daß ich nicht abreisen konnte, ohne es getan zu haben. Ich sah ihn mit im Nacken verschränkten Armen im Sand liegen. In der Nacht hatte sich ein starker Wind erhoben, und das Meer war stürmisch, mit großen schaumigen Wellen, die sich am Ufer überschlugen.

Als er mich sah, erhob er sich. «Du bist blaß», sagte er. Wir begannen am Strand entlangzugehen. Schmerz und Scham hinderten mich am Sprechen. «Warum schweigst du? Na ja, ich weiß, du hast die Nacht mit ihr verbracht», sagte er. Ich blieb stehen, und wir sahen einander ins Gesicht. «Ja, sie hat es mir gesagt. Sie gehört zu den Leuten, die einen Ehrlichkeitsfimmel haben. Ohne Aufrichtigkeit kann sie nicht leben. Aber du darfst nicht schlecht von ihr denken. Sie ist ein Unglücksrabe, sonst nichts. Sie weiß ja selbst nicht mehr, was sie will. Und so hast du jetzt auch gesehen, wie es um uns steht.» Seine Stimme klang erloschen und bitter. Ich legte ihm die Hand auf den Arm. «Aber ich leide nicht deswegen», sagte er zu mir, «wenn du begreifen könntest, wie weit das alles von mir weg ist! Ich weiß ebensowenig, was ich will.» Er machte eine Handbewegung, die Ohnmacht andeutete. «Ich … ich weiß nicht», sagte er.

Auch Vrasti war gekommen, um sich von mir zu verabschieden, und sie brachten mich alle gemeinsam – sogar das Kind hatten sie geweckt – zum Bahnhof. Vilma sagte kein einziges Wort. Ihr Gesicht war bleich und verstört.

Ich stieg in den Zug und beugte mich aus dem Fenster, um Lebwohl zu sagen: Zum letztenmal sah ich die von Wind gezausten Locken des Kindes, Vilma, Vrasti, der mir mit seinem Schlapphut zuwinkte. Dann drehte Walter sich um und ging langsam davon, die Hände in den Taschen, und die anderen folgten ihm.

Die ganze Fahrt über gingen sie mir nicht aus dem Kopf. Noch lange, nachdem ich in die Stadt zurückgekehrt war, konnte ich an nichts anderes denken als an sie und fühlte keinerlei Bindung an die Personen, die um mich waren. Ich schrieb Walter viele Briefe, erhielt aber keine Antwort. Später erfuhr ich durch

Fremde, daß das Kind gestorben war, daß die beiden sich getrennt hatten und Vilma mit dem Musiker zusammengezogen war.

Quellenverzeichnis

Margaret Atwood, Scharlachroter Ibis. Aus: Der Salzgarten. Copyright © 1983 by O. W. Toad Ltd. Copyright für die deutschsprachige Ausgabe: Berlin Verlag, Berlin.

Harold Brodkey, Auf den Wellen. Aus: Unschuld. Nahezu klassische Stories. Stories in an Almost Classical Mode. Copyright © 1963, 1965, 1968, 1969, 1973, 1975 by Harold Brodkey. Copyright © 1990 by Rowohlt Verlag GmbH, Reinbek. Deutsch von Dirk van Gunsteren.

Italo Calvino, Abenteuer eines Lesers. Aus: Abenteuer eines Reisenden. Copyright © 1986 by Carl Hanser Verlag, München Wien. Deutsch von Caesar Rymarowicz.

John Cheever, Der Schwimmer. Aus: Der Schwimmer. The Stories of John Cheever. Copyright © 1947–68, 1970, 1972, 1973, 1977, 1978 by John Cheever. Copyright © 1995 by Rowohlt Verlag GmbH, Reinbek. Deutsch von Lore Fiedler.

T. C. Boyle, Wenn der Fluß voll Whisky wär. Aus: Wenn der Fluß voll Whisky wär. Copyright © 1991 by Carl Hanser Verlag, München Wien. Deutsch von Werner Richter.

Natalia Ginzburg, Haus am Meer. Aus: Valentino. Ein

Roman und fünf Erzählungen. Copyright © 1997 by Klaus Wagenbach Verlag, Berlin. Deutsch von Maja Pflug.

Ernest Hemingway, Das Ende von Etwas. 49 Stories. Copyright © 1950 by Rowohlt Verlag, Hamburg. Deutsch von Annemarie Horschitz-Horst.

W. Somerset Maugham, Die drei dicken Damen von Antibes. Copyright © by Royal Literary Fund. Deutsch von Claudia und Wolfgang Mertz.

Ian McEwan, Erste Liebe, letzte Riten. Aus: Erste Liebe, letzte Riten. Copyright © 1980 by Diogenes Verlag AG, Zürich. Deutsch von Harry Rowohlt.

Margriet de Moor, Die blaurote Luftmatratze. Eine Sommeridylle. Aus: Ich träume also. Copyright © 1996 by Carl Hanser Verlag, München Wien. Deutsch von Helga van Beuningen.

Ingo Schulze, Big Mac und Big Bang. Aus: Simple Stories. Ein Roman aus der ostdeutschen Provinz. Copyright © 1998 by Berlin Verlag, Berlin.